四季의 노래

四季의 노래

조용기 엮음

초판 인쇄 2004년 6월 25일
초판 발행 2004년 6월 30일

발행처　서울말씀사
편집인　김삼환
등　록　제11-105호

152-050 서울시 영등포구 대림동 668-12
Tel. 02-846-9222~4
Fax. 02-846-9225
ⓒ조용기 2003

정가 8,000원
ISBN 89-8434-219-X 03230

본서의 저작권과 판권은
서울말씀사 소유이며 무단 전재, 복제를 금합니다.

"우리 이웃들의 진솔한 삶의 이야기"

四季의 노래

조용기 엮음

서울말씀사

머리말

저는 목회생활 동안 성도들로부터 하나님은 도대체 어디에 계시냐는 질문을 수없이 들었습니다. 이런 질문을 하는 이유는 하나님은 우리와 너무 동떨어져 계셔서 우리의 삶과는 아무 관계가 없는 분이라는 생각이 그 마음의 근저에 깔려 있기 때문일 것입니다. 하지만 지난 46년간 목회를 하면서 제가 체험한 하나님은 저 구만리장천에 계신 분이 아니었습니다. 하나님은 우리의 역동적인 삶의 현장에 직접 찾아오셔서 매 순간 간섭하시고 인도하시는 좋으신 분이었습니다. 때로 앞이 캄캄하여 간신히 신음 소리만 내는 순간에도 하나님은 어김없이 섬세한 손길로 인생을 조율하고 계셨습니다.

나무가 시절을 좇아 열매를 맺듯 우리 인생에도 환경과 감정의 사계절이 있기 마련입니다. 이제 시작이라 서툴고 불안하지만 내일에 대한 꿈으로 가슴 설레며 파종하는 봄의 시기도 있습니다. 한낮의 찌는 더위와 갈증에 허덕이고 장대 같은 소나기와 폭풍에 맞서야 하는 여름의 시기도 있습니다. 비로소 맺힌 열매로 인해 누리는 풍요의 축복과 제 몫을 다하고 묵묵히 떨어지는 낙엽의 쓸쓸함이 함께하는 가을의 시기도 있습니다. 날을 세우는 칼바람과 얼어붙은 대지의 냉기 속에서도 돌아올 봄을 기약하며 의연하게 견뎌 내는 겨울의 시기도 있습니다.

여러분은 지금 어떤 인생의 계절을 지나고 있습니까?

여기에 인생의 각 계절마다 그에 걸맞도록 섬세하게 우리를 돌보시고 인도하시는 하나님의 사랑의 이야기들이 있습니다. 이 책에 실린 이야기들은 극히 짧지만 그 속에 담긴 하나님의 사랑은 아주 큽니다. 우리는 지금 인생의 어느 계절을 지나고 있더라도 감사하며 찬양할 수 있습니다. 하나님이 우리와 함께 계시기 때문입니다. 이 책을 통해서 매 순간 우리의 삶의 현장에서 우리를 돌보아 주시고 인도해 주시는 좋으신 하나님을 발견하는 계기가 되길 바랍니다.

2004년 6월
조 용 기

Contents

머리말

마음의 봄

편지 · 13
나는 지지 않는다! · 21
마음의 봄 · 31
초등학교 4학년 · 39
행복 만들기 · 46
꿈이 이루어지기 시작하고 있었다 · 54
어머니의 손 · 65

다시 떠오르는 태양

역전 · 75
조금 다른 모습으로 · 85
언제나 사랑 · 95
효진이의 가출 · 102
다시 떠오르는 태양 · 109
첫나들이 · 115
예비된 만남 · 121

황금빛 가을 추수

기다림 · 131
바람둥이 길들이기 · 141
한 알의 밀 알 · 152
비우고 채우기 · 158
헌금봉투 · 165
황금빛 가을 추수 · 171
재회 · 180

첫눈 내리는 날의 동화

첫눈 내리는 날의 동화 · 193
동행 · 201
회색 · 206
또 하나의 교회 · 213
하나님의 사람 · 219
고난의 파도를 넘어 새 희망의 포구로 · 224
집으로 · 231

상상으로 창조한 세계

　나는 경남 울주군 삼남면 교동리 31번지에서 태어났습니다. 이곳은 동네에서 떨어진 산장으로 여름에는 새 소리, 풀벌레 소리가 가득했고 겨울에는 매서운 바람 소리가 귀를 울렸습니다. 나는 친구가 없었습니다. 그래서 많은 시간을 상상 속에서 지냈습니다. 나는 숲이 우거진 산을 보며 저기엔 호랑이가 있고 또 저기엔 여우가 살고 있다고 상상했습니다. 그리고 나는 내가 상상한 짐승의 서식지를 피해 다녔습니다.

　방학 때가 되면 사촌들이 우리 집에 놀러 왔습니다. 나는 사촌들에게 내 상상 속에 있는 세계를 말했습니다. 그들은 내게 가 보자고 했습니다. 그래서 사촌들과 함께 가 보았더니 그곳에는 아무것도 없었습니다. 사촌들은 나를 거짓말쟁이라고 놀렸습니다. 이 말을 듣고 울먹이며 아버님께 갔더니 아버님께서 나에게 "용기야, 너는 거짓말쟁이가 아니라 상상력이 풍부한 아이야. 너는 상상력이 풍부해서 다른 사람이 볼 수 없는 것을 보았을 따름이야. 네가 이 상상력을 잘 개발하면 장차 사회에 나가 보통 사람이 할 수 없는 큰일을 하게 될 것이다."라고 격려해 주셨습니다. 당시 아버님의 말씀은 지금도 잊혀지지 않고 있습니다.

　수많은 일들이 상상을 통해 창조됩니다. 우리는 눈에 보이지 않는 하나님의 역사를 믿고 있습니다. 믿음은 바라는 것들의 실상이요, 보지 못하는 것들의 증거입니다. 성경에 나타난 믿음의 선진들은 이로써 증거를 얻었습니다. 우리는 없는 것을 있는 것같이 부르시는 하나님을 믿어야 합니다.

마음의 봄

편지

"권사님, 언제 먹어 봐도 이 집 김밥이 제일 맛있네요. 다른 집 김밥도 재료는 비슷한 것 같은데, 왜 이 맛이 안 나는지 모르겠습니다."

지금은 부장이 된 단골 김 과장의 말에 송 할머니는 푸근한 미소를 지었다.

"맛있다니 고맙구려!"

송 할머니가 김밥 장사를 시작한 것은 20년 전의 일이었다.
납품업을 하던 남편을 교통사고로 잃은 후 송 할머니는 살길이 막연했다. 뺑소니 사고라 보상도 받지 못했는데, 남편의 장례를 치르고 나니까 빚쟁이들이 들이닥쳤다. 송 할머니는 그동안 남편이 가족들 모르게 끌어다 쓴 빚을 갚기 위해 집을 팔 수밖에 없었다.

겨우 단칸방 하나를 얻어 아이들과 이불 보따리를 들고 이사한 날, 송 할머니는 가슴이 타고 막막해서 잠을 이룰 수 없었다. 중학교, 고등학교에 다니는 삼 남매의 교육비는 고사하고 당장 생활을 꾸려 나갈 일이 아득하게만 느껴졌다.

할 줄 아는 것이라고는 살림하고 아이들 키우는 것뿐인 송 할머니는 여러 날 고심하던 끝에 수중에 있던 전 재산 삼만 원으로 김밥 장사를 시작했다. 처음 해 보는 일이라 장사가 잘되지 않아 팔다 남은 김밥을 아이들에게 저녁밥으로 주고 몰래 운 적도 많았다. 하지만 한 달, 두 달 지나면서 요령도 조금씩 생기고 매상도 올라가기 시작했다.

이른 새벽부터 준비를 해서 오후 시간에 한강 둔치에서 김밥 보따리를 들고 다니며 팔던 송 할머니는 개미처럼 열심히 돈을 모아 7년 만에 조그만 김밥 가게를 열었다. 사무실들이 밀집되어 있는 건물의 지하 1층 계단 아래 구석진 자리를 얻어 탁자도 없이 시작했지만 그 건물의 직장인들은 송 할머니의 김밥 가게를 애용해 주었다. 바쁜 출근길에 식사를 거른 직장인들에게 송 할머니의 김밥은 인기 만점이었다.
 건물 지하에 가게를 연 지 5년 만에 송 할머니는 새 가게를 얻어 이전했다. 그날은 송 할머니의 회갑 날이기도 해서 겸사겸사 잔치를 벌였다. 비록 규모는 그리 크지 않지만 지상에 번듯하게 차린 '송 할머니네 집'을 여는 날, 송 할머니는 지나온 10여 년을 회상하며 감회에 젖었다. 이제 막내까지 공부를 다 마치고 취직했으니 고생이 끝난 것만 같았다.

 '송 할머니네 집'은 날이 갈수록 번창했다. 하지만 호사다마(好事多魔)라고 했던가. 외아들인 막내 기훈이가 음주운전으로 교통사고를 냈다. 새벽 1시에 연락을 받고 병원으로 달려간 송 할머니는 의사의 말을 들은 순간 쓰러지고 말았다.
 '척추를 다쳐서 어찌될지 모르겠습니다. 일단 수술을 해 보아야 알겠지만, 마음의 준비를 하고 계십시오.'
 의식이 깨어난 송 할머니는 의사의 말을 꿈으로 생각했다. 그러나 그것은 꿈이 아니라 분명한 현실이었다. 송 할머니의 머리는 하루 사이에 하얗게 서리가 내렸다.

 기훈이는 수술을 받았지만 하반신 마비가 되었다. 자신이 불구가 되었다는 사실을 알고 고함을 지르며 발작을 일으키는 기훈이를 붙잡고 목놓아 울면서 송 할머니는 애꿎은 하늘만 원망했다.

"하늘도 무심하지! 이제 겨우 살 만해졌는데 이런 날벼락이 내리다니. 아이고, 내 팔자야! 앞길이 구만리 같은 내 아들 불쌍해서 어떡하나."

식음을 잊고 아들을 지키던 송 할머니가 다시 가게에 나온 것은 한 달 만이었다. 다행히도 손님들은 여전했다. 하지만 김밥을 말고 계산을 하면서도 송 할머니는 넋 나간 사람처럼 표정이 없었다.

"할머니, 오랜만에 나오셨네요. 그런데 왜 그렇게 머리가 갑자기 세셨어요? 얼굴도 몹시 안되시고……, 어디 아프셨습니까?"

송 할머니는 거스름돈을 챙기다 무심한 얼굴로 손님의 얼굴을 쳐다보았다. 지하 가게 때부터 단골인 김 과장이었다.

"늙으면 머리 세는 거야 당연한 일 아니겠수?"

송 할머니는 적당히 얼버무렸지만, 김 과장은 그 말 끝에 달린 송 할머니의 한숨을 놓치지 않았다.

다음 날 아침, 평소보다 이른 시간에 김 과장이 왔다.

"할머니, 오늘은 할머니하고 이야기하고 싶어서 왔습니다."

이런저런 이야기 끝에 결국 송 할머니는 아들 이야기를 하며 눈물을 닦았다.

"할머니, 얼마나 마음이 아프셨겠습니까? 하지만 너무 낙심하지 마십시오. 아드님은 나을 수 있습니다. 병원에서는 못 고치는 병을 기도해서 낫는 사람도 많습니다."

송 할머니는 김 과장의 말을 반신반의했지만 지푸라기라도 잡으려는 심정으로 한 가닥 희망을 걸었다.

그 후 김 과장은 송 할머니를 교회로 인도하고 함께 기도를 하였다. 송 할머니는 제대로 기도할 줄도 몰랐지만 행여나 아들이 나을까 하여 열심히 교회에 따라 나왔다. 그러나 기훈이의 마비된 신경은 조금도 회복될 기미가 보이지 않았다. 오히려 수술 부위에 부작용이 일어나 재수술을 받게 되었다.

"김 과장, 하나님도 하실 수 없는가 보네. 김 과장이 자기 일처럼 그렇게 지극 정성으로 기도해 주는데도 낫기는커녕 더 나빠졌으니……."

일 년이 다 되도록 아무런 차도가 없고 부작용까지 일어나자 송 할머니는 주저앉고 말았다.

열흘이 지나 재수술 날이 되었다.

아침 일찍 기훈이를 수술실에 들여보낸 후 안절부절못하고 있던 송 할머니는 뜻밖의 손님을 만났다. 김 과장이었다.

"김 과장이 이 시간에 웬일이요?"

김 과장의 얼굴은 열흘 전보다 많이 수척해 보였다.

"예~, 월차를 냈습니다. 아드님이 수술을 받는데, 할머니 곁에 있어야 할 것 같아서요."

송 할머니는 김 과장의 마음 씀씀이가 너무나 고마웠다.

"할머니, 어떻게 압니까? 전화위복이 될지. 기훈이 수술 잘되게 해 달라고 저하고 같이 기도하시지요."

김 과장은 송 할머니의 두 손을 꼭 잡고 간절히 기도하기 시작했다. 송 할머니는 그저 "아멘, 아멘." 하며 눈물을 흘렸다.

재수술은 성공적이었다. 그런데 회복 기간 동안에 놀라운 기적이 나타났다. 기훈이의 마비된 신경이 조금씩 살아나기 시작해서 걸을 수 있게 된 것이다. 병원에서는 소동이 일어났고, 의사들도 처음에는 고개를 갸우뚱하더니 축하해 주었다.

"교회에 다니는 사람들 중에는 간혹 이런 일이 있다고 하더니 사실인가 봅니다."

기훈이가 퇴원한 날 예쁜 꽃바구니가 송 할머니에게 배달되었다. 꽃바구니 속에는 깔끔하게 접은 편지가 꽂혀 있었다.

'할머니, 감사합니다. 제가 할머니를 만난 지 5년이 되도록 전도 한 번 못하다가 어렵게 입을 떼었었는데 할머니가 선뜻 저를 따라 교회에 나와 주셔서 얼마나 감사했는지 모릅니다. 할머니한테 기도하면 낫는다고 큰소리는 쳤지만, 사실 속으로는 걱정이 되어 난생 처음으로 일주일 금식 기도도 했습니다. 할머니, 기훈이에게 퇴원 축하한다고 전해 주십시오. 주일날 교회에서 뵙겠습니다.'

하나님께 대한 우리의 사랑은 이웃에게로 흐른다. 그리스도인의 사랑은 십자가 사랑이다.

나는 지지 않는다!

"이만, 끝."
"차렷. 선생님께 경례."
"와-."

선생님이 교실 문을 나서기도 전에 교실은 와글와글 여름날 개구리가 울 듯 시끄러워진다. 스피커에서는 점심시간을 위한 음악 방송이 흘러 나온다. 아이들의 가방이며 책상 서랍 속에서 점심 도시락이 나오고 있다. 아이들이 도시락을 펼치면서 교실은 온갖 종류의 반찬 냄새가 진동한다.

경호는 짝 진석이와 함께 도시락을 펼친다. 단무지와 소시지, 김, 밥을 살짝 덮고 있는 계란 후라이. 진석이는 오늘 특별히 조기 한 마리를 은박지에 싸서 따로 가지고 왔다. 콤콤한 조기 냄새가 입맛을 돋운다.

아이들의 쩝쩝거리는 소리, 웃는 소리, 떠드는 소리가 한창일 때 하이에나 같은 약탈자가 등장했다.

"야, 짜식아. 맛 쪼온 거 너만 먹으면 어떻게 해. 같이 나눠 먹어야 좋은 친구지."

"야, 안돼. 반찬 모자란단 말이야."

동식이와 태섭이, 학준이가 도시락밥만 달랑 들고 온 교실을 돌고 있다. 책상마다 지나면서 아이들과 실랑이를 하면서 반찬을 빼앗아 먹고 있는 것이다.

경호는 진석이와 눈짓을 하고 조기를 얼른 반으로 잘라서 입에 털어 넣었다. 조기 냄새를 맡은 녀석들은 경호의 책상 앞에서 뭔가를 탐색하듯 한참을 살폈지만 신통한 것이 없자 그냥 지나쳐 간다.

그때였다.

"어, 이 자식 봐라. 야, 어제 니네 집 잔치했냐? 웬 호화반찬이야?"

태준이였다. 저편 벽 쪽에 앉아서 있는지 없는지도 모르게 혼자 조용히 밥을 먹던 태준이가 약탈자의 눈에 포착된 것이다. 약탈자는 창가 쪽에 있는 동료를 초청하기까지 한다.

"야, 짜식들아, 빨리 와. 외로운 친구랑 같이 밥 먹어야지."

녀석들은 쉬파리같이 달려들어서 눈 깜짝할 사이에 태준이의 반찬을 동을 내 버린다.

"야 임마, 이제부터 매일 너랑 같이 밥 먹을 거니까, 맛난 반찬 많이 준비해."

태준이는 밥만 남은 도시락을 잠시 보더니 그냥 뚜껑을 덮고 만다. 표정이 없는 태준이. 경호는 가끔 태준이를 볼 때마다 숨이 막히게 답답해지는 것을 느낀다. 무표정한 얼굴! 하루 종일 가야 말 한마디 하는 걸 볼 수 없다.

경호는 태준이와 초등학교 동창이다. 같은 반을 한 적이 한 번 있었지만 말을 해 본 적은 거의 없었다. 가끔씩 태준이 엄마가 선생님을 찾아왔는데 갈 때는 뭔가 잔뜩 걱정스런 얼굴로 태준이를 쳐다보고 간 것이 기억날 뿐이다.

'짜식, 안 된다고 하면 될 텐데.'

"진석아, 우리 다음 주 수요일 날 롤러 스케이트 타러 가자. 그날 공휴일이잖아."

"그래. 명복이랑 석환이도 데려가자."

"내일 보자."

진석이는 버스에 올라탔다.

'어, 이상하다. 버스가 왜 안 오지?'

경호네 집은 학교에서 겨우 두 정거장 거리에 있다. 아무래도 오늘 노선 버스가 파업을 하거나 사고가 난 것 같다. 경호는 버스 기다리기를 포기하고 책가방을 둘러메고 걷기 시작했다.

그런데 동네 골목길 앞을 지날 때였다. 경호는 뭔가 이상한 기운에 걸음을 멈추었다.

"야, 임마. 가방 뒤집어."

심상치 않은 말소리에 경호는 얼른 담벼락에 몸을 붙였다. 분명 많이 듣던 목소리다.

"나, 돈 없단 말이야."

"뭐, 돈이 없다고? 야, 이 짜식아. 니네 집 부자잖아. 없으면 만들어 와."

"이 자식, 말로는 안 되겠네. 너 맞아야 정신 날 거지?"

퍽-, 철썩.

"악! 흐흑."

"너 내일 반드시 돈 만들어 와. 아님 국물도 없어. 야, 가자."

골목 어귀를 돌았을 때 경호가 본 것은 입술이 터져 피가 줄줄 흐르고 있는 태준이었다. 발길에 채인 가슴을 부여안고 태준이는 울고 있었다. 얼핏 태준이가 얼굴을 돌리려는 순간 경호는 얼른 그 자리를 피해 버렸다.

다른 길로 돌아서 집으로 오는 경호의 시야에 태준이의 슬픈 얼굴이 자꾸만 어른거렸다. 가슴이 무거워진다. 태준이에게 못된 짓을 한 녀석들은 동식이 패거리였다. 쉬운 먹잇감 하나를 포착한 녀석들은 이제 돈까지 뺏는 못된 짓거리를 하고 있는 것이다.

다음 날도, 그 다음 날도 태준이를 괴롭히는 동식이 패거리의 행태는 반복되고 태준이의 해쓱한 얼굴은 짙게 어두워져 갔다.

'상관하지 말자. 괜히 끼어들었다가 해코지당하면 나만 손해지.'

동식이 패거리의 짓거리가 나쁜 줄을 다 알면서도 학급 아이들 누구도 그것에 대해 말하지 않았다. 오히려 대다수가 태준이를 멀리하고 말조차 건네지 않았다. 태준이는 급우들로부터 완전히 격리되었다.

주일 날, 중등 1부에 새로운 선생님이 인사를 했다. 대학생인 선생님은 듬직한 형 같기도 하고 친구 같기도 했다. 선생님과 함께 하는 공과공부 시간은 이제까지와는 달랐다. 그날 선생님의 한마디는 경호의 폐부를 찔렀다.

"애들아. 하나님은 불의를 기뻐하지 않으신다. 불의 앞에서 입을 다무는 사람은 불의를 행하는 무리와 다를 바가 없어. 나는 너희가 아닌 것은 아니라 하고 진리는 진리라고 분명히 말할 수 있는 용기를 가진 사람들이 되기를 바란다."

다음 날도 교실의 그림은 별다른 변화가 없었다. 동식이 패거리는 이제 아무 때나 심심하면 태준이에게 가서 머리를 쥐어박고 태준이가 가지고 있는 학용품을 제 것처럼 가져다 썼다. 태준이의 얼굴은 파랗게 겁에 질려 있고, 아이들은 여전히 침묵했다.

수업이 다 끝나고 종례 시간 직전이었다. 반장이 담임이 교장 선생님과 면담 중이라 30분 늦는다고 알리자, 패거리들은 심심파적으로 태준이를 놀리기로 작정을 했다.

"야, 박태준. 이 친구가 너의 체력 단련을 위해 수고 좀 해야겠다. 저쪽으로 가서 머리 박어."

태준이는 언젠간 본 스팔타커스라는 영화에 나오는 노예처럼 순순히 복종했다. 패거리들은 약해 빠진 태준이의 굽힌 등에 사정없이 올라타고는 낄낄댔다. 그러나 얼마 안 지나 태준이는 고꾸라지고 말았다. 그중 한 놈이 엉덩방아를 찧은 분풀이로 태준이의 뺨을 후려갈겼다.

그때였다. 예상보다 빨리 담임이 들어오면서 그 장면을 목격하고 말았다.

"마동식, 너 지금 뭐 했어?"

능청을 떨며 녀석은 담임에게 거짓말을 했다.

"태준이하고 장난하다가 실수로 뺨을 때렸어요."

"박태준, 너 마동식이와 장난하고 있었니?"

"그, 그게요……."

태준이는 진땀을 흘리고 있다. 패거리는 사나운 눈초리로 태준이에게 눈치를 주고 있다.

순간, 한 아이가 일어섰다. 아이는 선생님의 눈을 똑바로 보면서 큰 소리로 말했다.

"선생님, 동식이가 태준이를 괴롭히고 때렸습니다."

"뭐? 반장, 교실 문 닫아라."

선생님의 목소리는 가라앉고 있었다.

"장경호. 급우들 앞에서 모든 것을 사실대로 얘기해라."

경호의 목소리는 약간 떨린 듯했지만 결연하고 분명했다.

"선생님, 동식이하고 태섭이, 학준이가 오래 전부터 태준이를 괴롭혀 왔습니다. 태준이의 반찬을 빼앗아 먹고, 학용품을 빼앗고, 돈을 빼앗았습니다. 아이들 앞에서 놀림거리로 삼고 걸핏하면 주먹질을 했습니다."

"음—."

선생님의 표정은 침통해졌다. 패거리들은 머리를 수그리고 있지만 무서운 눈으로 경호를 흘겨보고 있다.

"그런데, 선생님. 더 나쁜 친구가 있습니다."

"응?"

"접니다. 태준이가 괴롭힘당할 때 저는 모른 척했습니다. 놀림을 당할 때 같이 웃었습니다. 태준이가 얻어맞고 돈을 뺏길 때 저는 슬쩍 도망갔습니다. 저는 비겁하고 나쁜 친굽니다."

경호의 눈에서 눈물이 흐르고 있었다.

쥐 죽은 듯이 조용히 앉아 있던 아이들 중에 한 아이가 일어섰다. 진석이었다. 또 한 아이가 일어섰다. 명복이, 석환이……. 반 아이들 모두가 자리에서 일어섰다. 조용한 흐느낌이 온 교실에 출렁댔다.

선생님은 태준이의 부모와 태준이를 괴롭힌 아이들의 부모를 한자리에 오시게 했다. 아이들이 보는 앞에서 패거리들의 부모는 태준이의 부모에게 백배 사죄를 했다. 그 후 점심시간

의 풍속도가 달라졌다. 하이에나들이 쥐 죽은 듯 자신들의 책상에 얌전히 앉아 있게 된 것이다.

"장경호. 선생님이 부르신다."

담임 앞에 섰을 때 선생님은 경호의 어깨를 툭툭 치며 말했다.

"장경호. 너는 용감한 사람이다. 나는 내 아들도 너처럼 용감한 사람이 되기를 바란다."

신나는 공휴일! 경호는 진석이, 석환이, 명복이와 함께 신나게 롤러 스케이트를 타고 있다. 그리고 또 한 사람, 여전히 해쓱하지만 밝은 얼굴을 한 태준이가 활짝 웃으며 경호의 뒤를 바싹 좇다가 앞서 간다.

하늘은 높아져 가고, 아이들의 즐거운 함성은 햇살을 타고 하늘 높이 올라간다.

진정한 용기를 가진 사람은 주님의 정의와 인자를 위해 결연히 일어설 수 있는 사람이다. 그럴 때 우리는 어느덧 약한 자의 소망의 빛이 된다.

마음의 봄

겨울에서 봄으로 가는 길목이다. 길가의 나무들은 아직 겨울인 양 꺼칠한 가지에 뿌연 먼지를 쓰고 있고, 사람들은 옷을 파고드는 찬 기운에 옷깃을 잔뜩 여미고 잰걸음으로 지나가고 있다. 개중에는 때 이른 봄옷으로 맵시를 낸 아가씨들도 더러 보이지만, 화사하게 보이기보다는 썰렁하니 추워 보인다.

오늘도 변함없이 동수는 커다란 가방을 들고 지하철을 탔다. 쌀쌀한 바깥바람을 맞다가 지하철 열차를 타니 따뜻한 온기에 순간적으로 온몸이 부르르 떨렸다. 동수는 가방을 바닥에 내려놓고 심호흡을 한 번 한 후 사람들을 둘러보며 큰 소리로 인사를 했다.

"안녕하십니까? 승객 여러분께 잠시 양해를 구하며, 좋은 상품을 하나 소개해 드리려고 합니다. 오늘 제가 가지고 나온 상품은 소형 라디오입니다. 여기 보시다시피 이 라디오는 남성분들의 셔츠 주머니나 여성분들의 핸드백 속에 넣고 다니기에 좋게, 아주 작고 예쁘게 디자인이 되어 있습니다. 게다가 음질도 좋고 반영구적으로 제작되었습니다. 시중에서 이런 상품을 구입하려면 적어도 만 원은 주어야 합니다. 그러나 이 자리에서는 이어폰과 건전지까지 포함해서 단돈 천 원짜리 석 장, 삼천 원에 모시겠습니다. 필요하신 분은 지나는 길에 말씀해 주십시오. 감사합니다."

동수는 대학을 졸업한 후 조그만 회사에 사무직원으로 취직했었다. 별로 발전성은 없었지만, 취업난이 극심한 때였던지라 일단 정식 직원으로 취직된 것에 만족할 수밖에 없었다. 그러나 그나마 그의 직장 생활은 그리 오래가지 못했다. 자금난으로 하루하루 살얼음판을 걷듯이 위태로웠던 회사가 부도로 문을 닫는 바람에, 그는 하루아침에 실업자가 되고 말았다. 퇴직금도 받지 못하고 길거리로 내몰린 그는 여기저기 기웃거리며 일자리를 찾았다. 그러나 워낙 경기가 좋지 않아 수많은 중소기업들이 쓰러지고 감원 바람이 불어, 취직을 한다는 것은 하늘의 별 따기였다.

어쩔 수 없이 동수는 인력 시장에 나가서 일자리를 찾았다. 시장에서 물건 나르는 일도 해 보고, 길거리에서 전단지를 나누어 주는 일도 해 보았다. 고층 건물의 유리창을 닦는 일도 해 보고, 공사판에서 막노동도 해 보았다. 일을 마치고 돌아오면 온몸이 물먹은 솜처럼 무겁고 아팠지만, 일용직이나마 고용되는 것이 다행스러웠다. 그러나 그런 일도 항상 있는 것은 아니었다. 그런 그가 보따리 장사를 하게 된 것은 하루 종일 공치고 허탈한 마음으로 집에 가다가 우연히 만난 친구 정섭의 권유 때문이었다.

"너 나하고 같이 장사하는 게 어떻겠냐? 하루 이틀도 아니고 그런 식으로 언제까지 버틸 수 있을 것 같아? 이 보따리 장사가 우습게 보여도 잘만 하면 벌이가 꽤 괜찮아. 내가 물건은 받아다 줄 테니까, 다른 것은 걱정하지 말고 잘 생각해 봐."

동수는 집에 돌아와 밤새도록 정섭의 말을 곰곰이 생각한 끝에 한번 나서 보기로 했다. 그러나 장사는 쉽지 않았다. 어디에다 눈을 두어야 할지, 어떻게 말을 해야 할지, 도무지 떨리기만 하고 목소리는 자꾸 기어들어 갔다. 기껏 연습한 말도 먹물로 지운 것처럼 기억나지 않고 입만 자꾸 말랐다. 그런 동수를 더욱 못 견디게 한 것은 승객들의 호기심 어린 눈길이었다. 사람들은 더듬거리며 말 한마디도 제대로 못하는 동수를 희한하다는 듯이, 안됐다는 듯이 쳐다보았다. 그렇게 첫 번째 칸에서 마지막 열 번째 칸까지 돌고 다음 열차를 돌면서 하루 종일 장사를 했지만 목만 쉬고 정작 팔린 물건은 몇 개 되지 않았다. 그러나 하루 이틀 계속하다 보니 어느새 이력이 붙어서 녹음기를 틀어 놓은 것처럼 청산유수로 장사를 할 수 있었다. 삼 년이 지난 지금은 어떤 사람이 물건을 살지 척 알아볼 정도가 되었다.

간단하게 지하철 매점에서 빵과 우유로 점심을 해결하고 동수는 오후 장사를 시작했다. 오늘도 지하철 안에는 신문을 활짝 펼치고 읽는 사람들, 허리를 잔뜩 구부리고 열심히 휴대폰으로 오락을 하는 젊은이들, 빽빽거리며 이리 뛰고 저리 뛰는 아이들, 그 와중에도 고개를 떨구고 조는 사람들, 한 옥타브 올라간 목소리로 수다를 떨고 있는 아줌마들로 소란스러웠다. 그러나 동수가 박력 있는 목소리로 상품을 소개하자 여기저기서 사람들이 힐끔힐끔 소형 라디오를 보며 관심을 보였다.

'오늘 같기만 하면 웬만한 월급쟁이보다 낫겠는데!'

오늘따라 장사가 잘되어 동수의 입가에 미소가 감돌았다.

동수는 가벼운 발걸음으로 다음 칸을 향했다. 그때 반대편 칸에서 할아버지 한 분이 들어오는 것이 보였다. 할아버지는 눈을 감은 채 한 손에 빨간 플라스틱 바구니를 들고 다른 한 손으로 지팡이를 짚으며 통로를 천천히 지나가고 있었다. '도와주십시오'라는 말 대신인지, 할아버지는 찬송가 테이프에 맞추어 조그만 소리로 찬송을 하고 있었다. 그러나 사람들은 아무도 관심을 보이지 않았다.

지하철을 이용하는 사람들이라면 종종 볼 수 있는 광경인지라 동수는 그런 일이 있을 때마다 무심히 지나치곤 했었다. 그런데 오늘은 왠지 그냥 지나칠 수가 없었다. 찬송가 소리가 그의 마음을 잡고 놓아주지를 않는 것이었다. 직장을 잃은 후 멀어진 신앙생활 때문인지 영 마음이 무거웠다. 동수가 머뭇거리고 있는 사이에 할아버지는 벌써 다음 칸으로 가 버리고 없었다.

동수가 장사를 마치고 지하철역을 빠져 나오고 있을 때였다. 저만치 앞에 계단을 올라가고 있는 할아버지가 보였다. 할아버지는 다리가 불편한지 난간 손잡이를 꼭 붙들고 한 계단씩 천천히 올라가고 있었다.

"할아버지, 제가 부축해 드릴 테니 저를 붙잡으세요."

동수는 얼른 할아버지 곁으로 뛰어가 자신의 한쪽 어깨에 할아버지의 팔을 둘렀다.

"고맙네, 젊은이"

그 순간 동수는 자신의 눈을 의심했다. '아! 아까 낮에 지하철에서…….' 그런데 이게 어떻게 된 일인가? 할아버지는 맹인이 아니었다. 그러고 보니 지팡이도 보이지 않았다.

"할아버지, 아까 지하철에서 뵌 것 같은데……, 눈이 안 보이는 분 아니세요?"

할아버지는 얼굴을 붉힌 채 아무 말이 없었다.

동수는 할아버지의 불편한 마음을 덜어 주기 위해 얼른 화제를 바꾸었다.

"참, 아까 잠깐 보니까 찬송가를 부르시던데, 어느 교회에 나가십니까?"

그러자 할아버지는 아예 고개를 푹 숙이고 걸음을 멈추는 것이었다. 한참 그렇게 있다가 할아버지는 어렵게 입을 열었다.

"사실은 아무 교회에도 나가지 않네. 나는 교인이 아니야. 눈도 멀쩡하고. 사람들이 그러는데 찬송가를 부르면 수입이 좀 낫다고 해서……. 어쩌겠어? 아들놈은 IMF로 직장을 잃고 술 타령만 하다가 가출해 버렸고, 할멈 혼자서 한 장에 삼 원짜리 봉투 붙이는 일을 하는데……. 가만히 집구석에 틀어박혀서 밥

이나 축내면서 할멈 혼자 고생하는 것을 보고 있느니 차라리 이렇게라도 해서 몇 푼 보태는 것이 속 편해서 하는 일이네."

동수는 할아버지의 사정을 듣고 마음이 짠했다.

"할아버지, 이것 많지는 않지만 할머니 갖다 드리세요."

동수는 하루 벌이한 것을 할아버지의 손에 쥐어 드리고 빠른 걸음으로 자리를 떠났다. "이봐, 젊은이, 젊은이!" 할아버지가 부르는 소리를 등 뒤로 한 채 걸음을 재촉하는 그의 마음에 참으로 오랜만에 따사로운 봄볕 같은 기쁨이 가득 차올랐다. 저 앞에 우뚝 솟아 있는 교회의 첨탑에서 빨갛게 빛을 비추는 십자가가 오늘따라 정겨워 보였다.

사랑은 지극히 작은 것이라도 자신의 것을 나누어 주고 희생하는 것에서 시작된다.

초등학교 4학년

초등학교 4학년인 나는 매일매일 필요한 만큼의 용돈을 부모님께 받아 쓴다. 유난히도 내 용돈 관리에 철저하신 부모님은 늘 "쓸데없는 데 돈을 낭비했네."라든지 "있는데 또 샀니?" 하며 핀잔을 주셨다. 하지만 그럴수록 나는 점점 더 사고 싶은 게 많아졌다.

그러던 어느 날 감쪽같이 엄마의 지갑에서 돈을 몇 장 꺼낼 수 있는 기회가 왔다. 이 기회를 놓칠 수 없었던 나는 과감히 만 원짜리 석 장을 집었다. 며칠 뒤엔 다이얼을 돌려 금고에서 돈을 꺼내시는 할아버지를 보았다. 물론 금고의 비밀번호까지

저절로 한눈에 들어왔다. 나는 할아버지와 할머니가 교회에 가신 틈을 타 주저함 없이 금고에서 5만 원을 꺼냈고, 다음 날은 학교에 간 이모의 방에 들어가 2만 원을 몰래 훔쳤다.

모두모두 완전 범죄였고, 할아버지와 부모님은 돈이 없어진 줄도 모르셨다. 다만 며칠 후 이모만이 돈이 없어진 걸 알고 놀러 왔던 친구가 훔쳐 갔다며 막 울었을 뿐이다.

아무도 모르게 갖고 싶었던 돈을 한 뭉치 가지게 된 나는 너무너무 행복했다. 그 돈으로 사고 싶은 것들을 마구 사들였고, 먹고 싶은 떡볶이와 햄버거도 친구들과 배불리 사 먹었다.

그런데 의외였다. 생각만큼 좋지가 않았다. 떡볶이는 더 이상 맛이 없어서 못 먹겠고, 잡지책과 물건들은 부모님께 들키지 않게 감춰 두어야 하기에 하루 종일 불안하기 짝이 없었다. 거기다 잔돈도 늘 어디다 숨겨 두어야 할지 고민이었다.

그러다 보니 자연히 부모님과 마주하기가 꺼려졌고, 자주 가던 문방구 아주머니의 친절한 미소도 이상하게 느껴졌다. 마치 "너 돈 훔쳤지!" 하는 것처럼…….

나는 오랜만에 주일학교에 나가 예배를 드렸다. 조용히 예배실에 앉아 있는데 갑자기 가슴이 두근두근하더니 누군가 나에게 "너는 도둑이야." 하는 것 같았다. 그 순간 내가 도둑질한 것을 하나님이 다 알고 계시는 것 같아 두려움이 밀려오기 시작했고, 엄마 아빠의 화난 얼굴도 떠올라 무서웠다. 그래서 나는 두 눈을 감고 하나님께 기도를 드렸다.

"하나님, 잘못했어요. 다시는 훔치지 않을게요. 용서해 주세요."

나는 예배를 마치고 힘없이 집으로 돌아왔다.
"상우야, 너 여기 좀 앉아!"
드디어 올 것이 왔다. 엄마가 나를 부르신 것이다. 왠지 느낌이 이상하고 불안한 게 덜미를 잡힌 듯 싶다. 나는 어쩔 수 없이 고개를 푹 숙인 채 엄마 앞에 무릎을 꿇고 앉았다.

"너 엄마 눈 좀 쳐다봐. 요즘 웬 돈이 그렇게 많아? 서랍 안에 잔돈이 한 움큼이더라. 엄마 지갑에서 말 안 하고 꺼내 갔니?"

차근차근 물으시는 엄마의 말씀에 나는 너무나 당황하고 겁나고 떨려서 꼼짝하지 못했다.

"……."
"너 거짓말하지 말고 솔직히 말해. 엄마 지갑에서 돈 꺼내 갔지?"

"……."

나는 입도 벙긋 못하고 고개만 끄덕였다.

"왜 엄마한테 얘기하지 않고 가져갔어? 언제부터 그런 거야?"

"한 달 전부터요."

"그러면 지난번에 이모 방에서 없어진 돈도 네가 훔친 거야?"

"……."

아무 말도 못하고 울고 있는 나를 마루 한가운데에 세워 두고 엄마는 회초리를 드셨다.

"똑바로 서. 훔친 만큼 맞는 거야. 얼마나 훔쳤어?"

"잘못했어요. 잘못했어요."

낮잠을 주무시던 할아버지께서 왜 이리 시끄럽냐며 방에서 나오셨다. 엄마가 자초지종을 얘기하자 할아버지는 처음이니 한 번만 용서해 주라고 하셨다. 그런데 할머니가 부엌에서 나오시며 내게 한마디 하신 게 결정타가 되었다.

"거 요즘 금고에 돈이 조금 모자란다 싶긴 했는데, 설마 상우 네가 손댄 건 아니지?"

"그게요……, 잘못했어요. 할머니, 잘못했어요."

조금 전 까지만 해도 용서해 줄 기미를 보이셨던 할아버지도 완전히 화가 나셨다.

"어린게 어찌 이렇게까지 할 수 있노. 원 세상에. 이번 기회에 따끔하게 바로잡아 줘야지, 안되겠다. 어멈아, 애 버릇 고쳐질 때까지 때려 줘라."

"잘못했어요. 잘못했어요. 다시는 안 그럴게요."

난 셀 수도 없을 만큼 많이 맞았다. 엄마는 남들 보기 창피하고 하나님 보기 부끄러워 어떻게 사냐면서 눈시울을 붉히며 때리셨다.

방 밖으로 나가기가 쑥스러워 침대에 누워 있는 데 엄마가 들어오셨다. 그리고는 빨갛게 부풀어 오른 내 종아리에 조심스레 약을 발라 주셨다.

"엄마는 상우가 솔직히 다 말해 줘서 너무 고맙고, 정말로 상우를 사랑한단다."

나는 와락 엄마 품에 안겨 울기 시작했다.

"다음부터는 돈이 필요하면 엄마에게 얘기해. 그러면 꼭 줄 테니까. 엄마가 돈 버는 게 다 우리 상우 위해서인데 왜 안 주겠니?"

잠이 들 무렵 나는 아침에 교회에서 하나님께 용서해 달라고 기도드렸던 일이 떠올랐다. 물론 하루 종일 엄마에게 혼쭐나긴 했지만, 나는 나의 모든 잘못을 고백한 게 너무나 속 시원했다. 그리고 나중에 이 사실을 알게 된 아빠와 이모도 다음부터는 그러지 말라며 나를 용서해 주셨다. 아무래도 하나님이 내 기도에 응답해 주신 것 같다.

나는 비록 매 맞은 종아리 때문에 엎드려서 자야 했지만, 오래간만에 두 다리 쭉 뻗고 맘 편히 잘 수 있어 행복하다. 돌아오는 주일, 교회에 나가 예배를 드릴 생각을 하니 왠지 모르게 마음이 들뜨고 즐겁다. '하나님, 저의 잘못을 다 용서해 주셔서 감사합니다. 하나님, 사랑해요.'

"아이의 마음에는 미련한 것이 얽혔으나 징계하는 채찍이 이를 멀리 쫓아내리라" (잠 22:15).

행복 만들기

저녁 식사를 하고 난 후 아내가 속이 안 좋다며 괴로워하기 시작했다. 아내의 이런 증상은 이번이 처음이 아니었다.
'저러다가 나아지겠지!'
전에도 종종 있었던 증상이라서 종섭은 대수롭지 않게 여겼다.
평소처럼 종섭은 기도를 하고 잠자리에 들다가 아내에게 지나가는 말투로 한마디 툭 던졌다.
"여보, 아직도 많이 아파?"
"괜찮아요."
아내는 힘없는 소리로 대답을 했지만, 종섭은 '견딜 만한

가 보군!' 하고 잠을 청했다.

    누군가가 쥐어짜는 듯한 소리로 자신을 부르는 소리와 씨름을 하다가 종섭은 잠이 깨었다. 아련하게 들렸던 그 소리는 꿈이 아니었다. 종섭은 자신을 흔들고 있는 아내의 얼굴을 보는 순간 정신이 확 들었다. 아내의 얼굴은 온통 땀에 젖어 번들거리고 있었다.
    "여보, 왜 그래? 무슨 일이야?"
    "여보, 나 너무 아파서 못 참겠어."
    고통에 찬 아내의 얼굴을 보는 순간 종섭은 아내의 얼굴을 적시고 있는 것은 땀만이 아니라는 것을 알게 되었다. 얼마나 아픈지 아내는 눈물까지 흘리고 있었다.

    종섭은 황급히 아내를 업고 집을 나섰다. 먹물 같은 그믐밤인 데다가 며칠 전에 내린 폭설이 한파에 얼어붙어서 병원으로 가는 길은 아찔하게 험난했다. 자꾸만 미끄러지는 타이어와 씨름을 하며 빙판 길 운전을 하느라고 얼마나 긴장을 했던지 병원에 도착했을 때에는 탈진이 되었다.

    병원 응급실에 아내를 눕혀 놓은 채 종섭은 애꿎은 간호사들을 붙들고 항의했다.

"도대체 얼마나 더 있어야 검사가 끝납니까? 사람이 저렇게 다 죽어 가는데 치료는 하지 않고 몇 시간째 검사만 하다니, 이러다가 저 사람 잘못되기라도 하면 책임질 거요?"

가스가 많이 찼는지 풍선처럼 부풀어 있는 아내의 배가 예사롭지 않았다. 쉰 목소리로 고통을 호소하는 아내의 울부짖음은 날카로운 갈고리 채찍이 되어 종섭의 가슴에 선명한 고랑을 냈다. 계속되는 아내의 비명에 종섭의 가슴은 수없이 찢어져 너덜너덜해졌고, 그 고랑들을 타고 온몸의 피가 빠져 나가는 것만 같았다.

다음 날 아침, 아내는 일반 병실로 옮겨졌다. 병실에 무력하게 누워 있는 아내의 모습은 너무나 애처로웠다. 아내는 코에서부터 위까지 이어지는 굵은 줄을 삽입하고 21일 동안 지내면서 말도 할 수 없고 물조차 마실 수 없는 고통을 견뎌 내야 했다.

아내의 병의 원인이 무엇인지 밝혀진 것은 두 번째 병실을 옮긴 후였다.

"상당히 희귀한 병입니다. 동맥이 대장을 눌러서 장의 활동을 저해하므로 위가 상당히 팽창되어 있습니다."

의사의 말을 듣고 종섭은 마음이 무거워졌다. 그런데 계속 이어진 의사의 말은 더욱 충격적이었다.

"빨리 수술을 받으셔야겠습니다."

병원 침상에 누워 조용히 듣고 있던 아내는 마치 사형 선고라도 받은 양 하얗게 질린 채 부들부들 떨었다.

아내는 수술 받기를 완강히 거부했다. 그런 아내의 마음을 돌리기 위해 종섭은 출근도 못하고 병실을 지켰다.

"여보, 빨리 수술을 받지 않으면 위험하다는데 왜 안 받겠다는 거야? 당신만 두려운 줄 알아? 나도 겁나. 이제 그만 고집 부리고 제발 수술 좀 받자, 응?"

종섭은 아내에게 화를 내기도 하고 달래기도 했다. 그럼에도 아내는 막무가내로 수술을 거부했다. 그러던 아내가 겨우 마음을 돌린 것은 실랑이를 벌인 지 나흘 만이었다.

종섭은 수술 동의서를 작성한 다음 담당 의사를 만나 수술에 관하여 상세한 설명을 들었다.

"수술을 받는다고 해서 꼭 낫는다고는 생각하지 마십시오. 일단 수술을 해 보아야 알겠지만 수술 결과는 장담할 수 없습니다……. 수술 시간은 7-8시간 되고, 수술 부위는 가슴부터

배꼽까지가 될 겁니다."
아내의 병실로 돌아오는 종섭의 발걸음이 조금씩 휘청거렸다.

수술 받는 날, 아내의 얼굴은 의외로 편안해 보였다.
"여보, 너무 걱정하지 마. 나 괜찮을 거야."
아내는 엷은 미소까지 머금으며 종섭을 위로해 주고 수술실로 들어갔다. 하지만 종섭에게는 평소와 다른 아내의 행동이 불길한 느낌으로 다가왔다.

수술실 밖을 서성이는 종섭의 마음에는 회한이 회오리쳤다. 아내에게 신경을 써 주지 못했던 것이, 사소한 일로 화냈던 일이, 아내의 수고를 고마워할 줄 모르고 당연하게 여기고 살았던 것이, 무엇보다도 수술을 받을 지경이 되도록 아내의 건강에 무관심했던 것이 거센 회리바람이 되어 가슴을 쳤다.
"주님, 저에게 기회를 주십시오, 이제부터는 좋은 남편이 되겠습니다."
종섭은 간절한 마음으로 회개하고 기도하였다.

종섭은 무의식적으로 전자 벽시계를 보다가 수술실 전광

판에 떠 있던 아내의 이름이 사라진 것을 발견했다. 아내의 이름은 어느새 회복실 전광판으로 옮겨져 있었다.

'이게 어떻게 된 일이야? 이제 겨우 세 시간밖에 안 되었는데.'

혹시라도 아내의 수술이 잘못되지 않았을까, 상태가 너무 나빠서 수술을 포기한 것은 아닐까……, 종섭의 머릿속에는 온갖 불길한 생각들이 난무하기 시작했다.

그때 수술실 문이 열리더니 푸른 수술복을 입은 의사가 지친 얼굴로 나왔다. 아내의 담당 의사였다.

"선생님, 어떻게 됐습니까? 제 아내는 어떻습니까?"

숨 쉴 틈도 주지 않고 질문을 퍼붓는 종섭에게 의사는 담담하게 입을 열었다.

"상태가 생각했던 것만큼 심각하지 않아서 수술이 빨리 끝났습니다."

그 말을 듣는 순간 종섭의 마음을 덮고 있던 불안감은 자취 없이 사라지고 감사가 넘치기 시작했다.

다시 일반 병실로 옮긴 후 아내는 환자와 보호자들 사이에 유명 인사가 되었다.

"젊은 사람이 무슨 수술을 받았기에 저 지경이 되었을까? 산송장이지 뭐야? 쯧쯧."

하지만 사람들의 동정은 며칠 되지 않아 부러움으로 바뀌었다. 하루가 다르게 빠른 속도로 회복되는 아내의 상태는 종섭에게도 커다란 위로가 되었다.

아내는 지난 며칠 동안 꾸준히 병실에서 걷는 운동을 해서 천천히 걸을 수는 있었지만, 아직은 수술 부위에서 실도 뽑지 않은 상태라서 몸을 움직이는 데 많은 제한이 있었다.

"여보, 발이 가려워. 발 좀 씻었으면……."

종섭은 아내의 수줍은 부탁이 무척 기뻤다. 따뜻한 물을 대야에 담아 아내의 발을 정성껏 씻어 주며 종섭은 아내에게 나지막한 목소리로 고백했다.

"여보, 고마워!"

결혼 후 처음으로 남편의 진심 어린 고백을 받은 아내의 얼굴에는 행복이 넘치고 있었다.

사랑은 관심에서 출발한다. 사랑이 담긴 남편의 한마디 고백을 들을 때 아내는 세상에서 가장 행복한 여인이 된다.

꿈이 이루어지기 시작하고 있었다

더위 때문인가, 7월에 들어서면서 운전을 마치고 나면 그냥 아무 데나 누워서 잠을 자고 싶을 정도로 피곤했다. 오후 2시에 교대를 하고 귀가한 영철은 현관문을 열어 나온 아내의 눈이 벌게져 있는 것을 짐짓 못 본 척하며 집 안에 들어섰다.

"여보, 피곤하죠? 얼른 상 차릴 테니까 밥 먹고 쉬세요."

아내의 말을 뒤로 한 채 방에 들어가는 영철의 눈이 TV 화면으로 쏠렸다.

"누가- 이 사-람을- 모르시-나요……."

어느 여가수의 애절한 노래가 흐르는 가운데 TV 화면은 주름진 얼굴들, 안타까운 표정들, 연신 흘러내리는 눈물들로

얼룩지고 있었다.

　영철은 자신도 모르는 사이에 화면에 빠져 들었다. 혹시라도 눈에 선한 그리운 얼굴들을 찾을 수 있을까 하여 마음을 졸이며 화면을 주시했다. 어느 순간부터인가, 카메라가 비춰 주는 할머니들이 다 어머니처럼 보였다.

　"영철아, 엄마가 돈 벌어서 데리러 올게. 그때까지 영태하고 여기서 선생님들 말씀 잘 듣고 있어야 해."
　전쟁으로 아버지를 잃고 거리를 전전하던 영철이네 가족은 살 길을 찾아 뿔뿔이 흩어질 수밖에 없었다. 아이가 줄줄이 넷이나 딸린 어머니를 받아 주는 곳은 아무 데도 없었기 때문이다. 그래서 열세 살 난 영자 누나는 남의 집 애보기로 가고 열 살 난 영철이와 누런 콧물을 달고 사는 여섯 살짜리 영태는 고아원에 맡겨졌다. 고아원 문 앞에서 어머니와 헤어질 때 영철이는 어머니 등에 업혀 가는 막내 영수가 너무나 부러웠다.
　고아원 생활은 외롭고도 참혹했다. 무엇보다도 항상 배가 고팠다. 그럴 때마다 영철이는 물로 배를 채웠지만 어린 영태는 심술을 부리고 떼를 써서 매를 많이 맞았다. 하루는 영태가 계속 징징거려서 밀쳐 버렸는데 넘어지면서 이마가 찢어져 피가 흘렀다. 그래서였을까, 이튿날 학교를 마치고 돌아와 보니 영태가 없었다. 그 후 영철이는 영태를 다시 볼 수 없었다.

'엄마, 영태가 없어졌어요. 엄마가 영태 잘 돌보라고 했는데……. 영태야, 너 어디에 있어? 돌아와. 형이 잘못했어.'

영철이는 배가 고파서 잠이 오지 않는 밤에는 이런 생각으로 밤을 새우곤 했다. 그리고 이런 밤이 거듭될수록 그에 비례해서 영철이의 마음도 단단해져 갔다.

'그래, 돈을 벌어야 해! 돈을 많이 벌어야 엄마와 누나도 돌아오고 동생들도 만날 수 있을 거야!'

열두 살 때부터 영철이는 돈벌이를 찾기 시작했다. 영철이의 여린 손으로 할 수 있는 일은 한정되어 있었다. 그래도 영철이는 닥치는 대로 일거리를 찾아 열심히 일을 했다. 껌팔이, 구두닦이, 신문팔이, 우유배달……, 영철이는 야간 고등학교를 졸업할 때까지 악착같이 돈을 모았다. 하지만 그것은 꿈을 이루기에는 턱없이 적은 돈이었다.

영철이는 고등학교를 마친 후 곧 자원입대를 했다. 그리고 그곳에서 배운 운전 실력으로 제대 후 택시 기사가 되었다.

그 30년의 세월은 영철의 마음에 아픔과 그리움으로 각인되어 있었다.

회상에 잠긴 영철의 거친 뺨에 굵은 눈물이 흐르고 있었다.

"여보, 식사하세요."

아내가 밥상을 들고 방에 들어오면서 불렀지만, 영철은 그 소리를 듣지 못했다.

"여보."

영철은 아내가 큰 소리로 다시 불렀을 때에야 겨우 정신을 차렸다. 손등으로 눈물을 쓰윽 닦고 수저를 들었지만 밥알이 모래알같이 깔깔해서 삼키기가 힘들었다.

"그렇게 가슴만 태우지 말고 우리도 신청서를 접수시켜요. 내일은 비번이니까 방송국에 갈 수 있잖아요."

밥상머리에 앉아 건네는 아내의 말에 영철은 마음이 흔들렸다.

아내와 함께 방송국에 가서 이산가족 찾기 신청서를 접수시키고 나온 영철의 발길은 만남의 광장으로 향했다. 광장 안은 온통 울긋불긋 도배가 되어 있었다. 심지어는 길바닥에까지 크고 작은 종이들이 붙어 있었다. 큰 글씨, 작은 글씨, 반듯반듯한 글씨, 삐뚤빼뚤한 글씨, 굵은 글씨, 가느다란 글씨들이 크고 작은 종이 위에 까맣게, 빨갛게, 파랗게 무늬를 이루고 있었다. 오래되어 빛 바랜 누런 흑백사진들도 붙어 있었고, 많은 풍상을 겪으며 보관했는지 여기저기 꺾여서 하얀 균열 자국으로 뒤덮인 사진들도 눈에 띄었다. 그것들을 물끄러미 바라보던 영철은 한순간 그 많은 종이 위의 사연들이 모두 자신의 이야기로 느껴졌다. 그러면서도 자신에게는 가족들의 사진이 한 장도 없다는 서글픔이 앙금이 되어 가라앉았다.

그 후 영철은 일을 쉬는 날이면 만남의 광장을 찾아가 사연들을 하나하나 읽으며 익숙한 이름들을 찾기 시작했다. '김옥분, 박영자, 박영태, 박영수' 그리움으로 새겨진 이름들을 찾고 또 찾았다. 그리고 집에 돌아와서는 종일 전화기 앞을 지켰다. 그러나 기다리는 전화는 여름이 다 지나가고 가을이 무르익도록 오지 않았다.

11월 달력을 절반쯤 남기고 전국을 눈물바다로 만들었던 이산가족 찾기 방송이 막을 내렸다. 그와 함께 영철의 기대와 기다림은 재가 되고 말았다. 그러나 영철은 단념할 수가 없었다. 꺼져 가는 잿더미 속에서 작은 불씨를 찾아 다시 불을 일으키듯이, 영철은 가족들을 반드시 찾겠다는 각오를 새롭게 다지고 인쇄소를 찾아가 전단지를 찍었다.

그날 이후 영철은 택시 안에 전단지를 싣고 다니면서 영업을 하였다. 손님이 타는 순간 "안녕하십니까?"라는 인사와 함께 전단지를 한 장씩 주는 것이 어느덧 일과가 되었다.

찬 바람이 유난히도 매섭게 불던 날이었다. 인상이 좋은 한 중년신사가 택시에 오르자, 영철은 습관처럼 인사를 하며 전단지를 한 장 건넸다. 그러자 그 손님은 넉넉한 미소를 지으며 "추운데 수고가 많으십니다. 그런데 이런 방법으로 가족들을 찾는다는 것은 무리인 것 같습니다. 지난여름에 방송국에 가서 신청해 보시지 그랬습니까?"라고 했다. 처음 듣는 말도 아닌지라 영철은 씁쓸하게 웃으며 사정을 이야기했다. 그런데 이런저런 이야기를 주고받다가 영철은 그 손님이 툭 던지듯이 하는 말 한마디에 정신이 번쩍 났다.

"찾을 수 있는 방법이 있다고요? 그게 뭡니까?"

"지금은 곤란하고, 저를 한번 찾아오시면 가르쳐 드리지요. 제 명함입니다. 거기에 제 연락처가 있으니 한번 전화해 주십시오."

영철은 명함을 받기는 했지만 왠지 맥이 빠졌다. 별 기대를 하지 않아서인지, 다른 손님들을 상대하다가 그나마 명함을 받았다는 사실조차 잊어버리고 말았다.

그러던 그가 다시 그 명함을 보게 된 것은 그로부터 일주일쯤 지나서였다. 택시회사 근처의 음식점에서 동료 기사들과 식사를 겸한 조촐한 송년회를 하고 나온 영철은 사물함을 정리하다가 한 귀퉁이에 끼어 있는 명함을 발견했다.

'쳇, 목사잖아! 목사라면 뻔하지. 나더러 교회에 나오라고 전도하려고 미끼 던진 거지, 어디 진짜 찾을 방법이 있겠어? 방송으로도 못 찾았는데……. 에라 까짓것, 밑져야 본전인데 그래도 전화라도 한번 해 볼까.'

순간적인 충동으로 영철은 전화를 하고 목사님과 만날 약속을 하였다.

우연인지는 몰라도 그 목사님의 교회는 영철의 집 옆 동네에 있었다. 그날 영철은 교회에 나오기로 목사님과 약속을 했다. 교인들에게도 광고해서 꼭 가족들을 찾게 해 주겠다는 목사님의 말씀에 실낱같은 기대가 생겼기 때문이었다. 그 주일부터 영철은 교회에 출석하기 시작했다. 그리고 둘째 주부터는 아내와 아이들까지 데리고 교회에 나왔다. 교인들은 목사님의 광고를 듣고 부탁을 받아서인지 영철에게 무척 친절하고 자상했다. 그러나 영철의 마음은 쉽게 열리지 않았다. 단지 30년 전에 헤어진 가족들을 찾는 데 교인들이 도움이 되기만을 바랄 뿐이었다. 그런 영철의 마음이 변화된 것은 교회에 출석한 지

반년이 되었을 때였다.

"어서 돌-아오오 어서 돌아만오오 우리 주는 날마다 기-다리신다오 밤-마다 문 열어 놓고 마-음 졸이시며 나간 자식 돌아오기만 밤새 기다리신다오······."

성가대의 찬양을 듣던 영철은 통곡을 터뜨렸다.

그날 예배 후 영철은 목사님을 찾아뵈었다.

"목사님, 너무나 감사합니다. 아버지를 찾았습니다. 지금껏 교회에 나오면서도 잃어버린 가족들만 찾고 있었는데, 내가 아버지 집에 와 있다는 것을 오늘에서야 알게 되었습니다."

이후로 영철의 신앙은 쑥쑥 자라났고, 1년이 지난 후에는 집사 임명을 받았다. 영철의 신앙이 자람에 따라 기도도 달라지기 시작했다.

"주님, 가족을 찾기 위해 제가 할 수 있는 일은 거의 다 해 본 것 같습니다. 이제는 주님께 저의 꿈을 완전히 맡겨 드립니다."

이듬해 봄 부활절을 앞둔 어느 날 목사님으로부터 전화가 왔다.

"박 집사님, 이번 토요일에 시간 있으십니까?"

"네, 목사님."

"○○시장에 나가서 전도하기로 했는데, 박 집사님도 함께 갑시다."

토요일 오후 시장에 모인 목사님과 교인들은 합심기도를 한 후 조를 나누어 전도하기 시작했다.

3조 조장이 된 영철이 수산물을 파는 쪽에서 전도를 하고 돌아 나올 때였다.

"이봐, 그렇게 값을 깎아 주면 나는 어떻게 장사하라는 거야? 다 먹고살자고 이러는데 자네 혼자 싸게 팔아서 내 단골까지 다 빼앗으려는 거야 뭐야. 장사 똑바로 해. 젊은 사람이 그럼 못써."

"아저씨, 나와 하루 이틀 알고 지낸 것도 아닌데 그렇게 말씀하시면 섭섭합니다. 이 박영태 그런 사람 아닙니다. 내가 아저씨 단골을 언제 빼앗았다고 그러세요? 생사람 잡지 마세요."

영철은 앞에서 티격태격하는 소리에 한순간 숨이 멎는 것 같았다.

'뭐? 박영태라고?'

영철은 떨리는 가슴을 진정시키며 영태라는 사내에게 다가갔다. 그런데 안타깝게도 알아볼 수가 없었다. 어찌 보면 맞는 것도 같고, 또 어찌 보면 아닌 것도 같고.

"뭘 찾으십니까?"

생선을 사러 온 손님인 줄 알았는지 영태라는 사내가 시비를 멈추고 영철에게로 얼굴을 돌리며 물었다.

있었다. 한쪽 이마에 희미하게 남아 있는 상처 자국이.

영철은 심장이 터질 것 같았다. 갑자기 입이 마르고 말이 더듬거려졌다.

"그-, 그 이마에 난 상처 언제 생겼습니까?"

그러자 그 사내는 희한하다는 표정으로 영철을 보며 말했다.

"어렸을 때 형이 넘어뜨려서 찢어졌던 상처 자국입니다. 근데 왜 물으세요?"

"형님 이름이 어떻게 됩니까?"

"잊어버렸습니다. 형한테 맞고 어머니를 찾으러 나갔다가 길을 잃어서 헤어졌거든요."

영철은 자석에 끌린 듯 영태를 부둥켜안았다.

꿈이 이루어지기 시작하고 있었다.

어머니의 손

새벽 3시가 훨씬 넘은 시간에 지원이는 아직 복통으로 괴로워한다. 방바닥을 뒹굴기도 하고 주먹으로 벽을 치기도 하고 신음 소리를 내며 배를 움켜쥐고 고통스러워한다.

"너무 아파, 아파 미치겠어! 나 좀 살려 줘."

"차라리 나 죽었으면 좋겠어."

벌써 3년째다. 지원이네 가족은 3년 전 예수님을 영접하고 교회에 나갔다. 그 후로 지원이는 원인 모를 복통 때문에 매일 괴로워한다. 복통에 좋다는 약은 다 먹어 보았지만 허사다. 종합병원 의사 선생님도 병의 원인을 알 수 없어 난감해한다. 저녁부터 시작되는 복통은 새벽 3시가 되어서야 멈추었고 그때서야 지원이는 선잠을 잘 수 있다. 지쳐 잠이 든 아들을 보면서 지원이 어머니는 벌써 4시간째 눈물로 기도한다.

"예수님, 도와주세요. 주님을 영접한 지 얼마 안 됐지만 주님이 우리 아들 병을 고쳐 주세요……흐흐흐."

중학교 2학년인 지원이는 수업 시간에 잠을 잔다. 그래서 담임선생님에게 꾸중을 듣지만 지원이는 다른 아이들과 같이 지내지 못하는 게 부끄러워 이야기를 못한다. 친구들이 공부할 때 함께 공부하지 못하고 친구들이 편안히 잠을 잘 때 고통으로 깨어 있어야 하고 친구들이 마음껏 음식을 먹을 때 먹지 못하는 지원이는 자신을 보여 주기 싫다. 지원이의 마음을 아는 어머니는 학교에 불려 갈 때마다 지원이의 몸이 허약해서 그런다고 번번이 변명만 하고 돌아온다.

"선생님, 우리 지원이가 몸이 약해서 그래요. 약을 먹고 있으니 조금씩 나아질 거예요."

힘없이 이야기하는 지원이 어머니에게 선생님은 걱정스러운 얼굴로 한마디 했다.

"지원이 어머님, 이제 내년이면 고등학교 입학시험을 봐야 하는데 지원이 성적으로는 인문계 고등학교에 가기 힘들어요. 지금이라도 눈에 불을 켜고 공부해야 하는데 매일 학교에 와서 잠만 자고 있으니……."

지원이 어머니는 아무 말도 못하고 교문 밖을 나선다. 자신을 교실 창문 너머로 보고 있는 지원이를 모른 체하고 집으로 향하는 발걸음은 천근만근이다. 선생님 앞에서 참았던 눈물이 솟구쳐 뺨을 타고 흘러내린다.

지원이 어머니는 벌써 100일째 아침 금식을 하고 있다. 아들은 아파서 밥을 제대로 못 먹고, 어머니는 아들 때문에 금식을 하느라고 밥을 안 먹는다. 밤새 아들 옆에서 기도하다가 새벽녘에 아들이 잠들면 지원이 어머니는 교회로 향한다.

유난히 추운 겨울, 성경책을 품에 품고 교회로 향하는 지원이 어머니의 발걸음을 1월 된바람이 꽁꽁 묶고 막는다. 콧속으로 파고드는 바람 때문에 숨이 막혀 멈추어 섰다가 숨을 고르고 다시 발걸음을 옮긴다. 온몸을 오그리고 마치 포탄이 떨어지는 전쟁터를 가로지르는 병사처럼 지원이 어머니는 교회까지 간다. 아들을 살려 달라고 부르짖는 어머니의 기도 소리에 처마 밑 고드름이 떨어지고 옆집 강아지가 놀라서 짖는다.

3년간 다닌 새벽기도, 이제는 입에서 "아버지! 하나님! 예수님!" 소리밖에 나오지 않는다. 그러나 지원이 어머니는 그 이름만이라도 목청을 다하여 불러 본다.

기도를 마치고 돌아온 지원이 어머니는 꽁꽁 얼어붙은 손을 이불 밑에 넣어 녹이고는 잠든 아들 지원이 배 위에 얹어 놓는다.

"예수님, 제 아들 지원이 대신 제가 아프게 해 주세요. 동네 사람들이 지원이는 곧 죽을지도 모른다고 하는데, 대신 제가 죽게 해 주세요."

다른 날보다 더 간절하게 울며 기도하던 그날, 지원이는 꿈속에서 어머니의 손이 목사님의 손이 되고, 다시 목사님의 손이 예수님의 손이 되는 것을 볼 수 있었다. 예수님이 광채 나는 손으로 지원이의 배에 안수할 때 지원이는 3년간의 고통의 기억이 사라지고 마치 구름 위에 있는 것 같은 평안함과 따뜻함을 느꼈다. 아들 지원이와 지원이 어머니가 지쳐 잠이 든 그 방에 예수님은 찾아오셨다. 그리고 지원이의 병을 고쳐 주셨다. 3년 동안 그렇게 평안하게 아침을 맞이한 적은 없었다.

세월이 지나 중년이 된 지원은 퇴근길에 교회에 들러 젊은 날의 고생으로 무릎 관절 때문에 고생하시는 어머니를 위해 기도한다. 그리고 집에 돌아와 잠이 드신 어머니의 몸에 손을 얹고 기도한다. 어머니 몸에 얹은 자신의 손이 목사님의 손이 되고 예수님의 손이 되길 간절히 바라면서…….

하나님을 보여 주세요

어느 날 우리 집에서 가정예배를 드리는데 막내가 내게 "아빠, 제가 믿는 하나님을 볼 수 없을까요? 하나님을 볼 수 있으면 확실한 믿음을 가질 수 있을 텐데요."라고 말했습니다. 나는 막내에게 "자, 고개를 들고 심호흡을 해라. 그리고 뿜어내라."고 말했습니다. 막내가 그대로 했습니다.

"너 숨쉴 때 무엇이 들어갔니?"

"바람이요."

"숨을 내쉴 때 무엇이 나왔니?"

"바람이요."

막내의 대답을 듣고 난 다음 나는 "너 바람이 들어왔다 나가는 것을 어떻게 아니? 그 바람을 보았니?"라고 물었습니다. 그러자 막내는 "에이 아빠, 바람이 눈에 보이나요? 그러나 느낌으로 알 수 있잖아요."라고 대답했습니다. 나는 말했습니다. "바로 그거다. 하나님께서는 영체이시기 때문에 우리 눈에 보이지 않는다. 그러나 우리는 믿음으로 바람처럼 역사하시는 하나님을 알 수 있지."

인간의 육신의 눈으로는 물질적인 세계밖에 볼 수 없습니다. 그러나 이 우주에는 인간의 육신의 눈으로는 볼 수 없는 광대한 영적 세계가 있습니다.

다시 떠오르는 태양

역전

"강선재 차장님 또 승진이래. 부장 발령 났다는데?"
"정말? 야! 이건 고속도 아니고 초고속 승진이네!"
"그러게! 우리 김 과장님하고 입사 동기라던데. 김 과장님은 지난달에야 겨우 입사 동기 중에서 제일 막차로 과장이 되었는데, 강 차장님은 벌써 부장이 되었으니……. 그나저나 김 과장님 참 안됐어. 입사 동기가 직속 상관이 되었으니 말이야."

준수는 아무 일도 없었다는 듯이 자리에 앉아 있었지만 조금 전에 복도에서 수군거리던 직원들의 말이 뾰족한 꼬챙이가 되어 자꾸 마음을 찔러 괴로웠다.

준수와 선재는 전공은 달랐지만 같은 대학 출신의 입사 동기이다. 더구나 둘 다 생산부로 발령이 나 준수와 선재는 남다른 인연에 금방 가까워졌다. 어쩌면 두 사람의 관계가 급속히 밀착된 것은 성격 때문인지도 모른다. 선재는 상당히 사교적인 데다가 매사에 자신감이 넘치는 친구였다. 이와 대조적으로 준수는 과묵하고 성실하며 소극적인 성격이었다. 그래서인지 항상 선재가 앞에서 주도하고 준수는 선재가 하는 대로 따르면서 붙어 다녔다. 이런 선재와 준수의 관계에 변화가 생긴 것은 선재가 대리로 승진했을 때부터였다. 하루아침에 대리와 직원의 관계가 되어 버리자 준수는 선재를 편하게 대할 수가 없었고, 선재는 선재대로 다른 대리들과 어울렸다. 같은 생산부라도 준수는 생산 2부에 있고 선재는 생산 1부에 있기 때문에 서로 부딪칠 일이 없었지만, 준수는 왠지 선재를 대하는 것이 점점 불편해졌다. 그런데 가뜩이나 심기가 불편한 준수의 마음을 헤집는 일이 일어났다.

삐이-. 준수가 업무를 마무리하고 있는데 인터폰이 울렸다. 선재였다.
"어, 준수. 나야, 강선재. 오늘 퇴근 후에 샤갈에서 잠깐 보자."

회사 근처 카페 샤갈에는 바깥보다 먼저 밤이 내리고 있었다. 침침한 실내를 둘러보던 준수의 눈에 창가 자리에서 담배를 물고 있는 선재의 모습이 들어왔다.

"일찍 왔네."

조금 어색해하며 맞은편에 앉는 준수를 힐끔 보더니 선재는 종업원을 불렀다.

"나는 맥주 두 병 주고. 준수, 너는 뭐로 할래?"

"나는 녹차로 할게."

맥주잔과 찻잔을 사이에 두고 두 사람은 말을 잊은 듯 침묵을 지켰다. 2년 만에 단둘이 만난 자리라서 그런지 준수는 서먹서먹한 기분을 떨칠 수 없었다. 그 무거운 분위기를 먼저 깬 것은 역시 선재였다.

"너 요즘 괜찮냐?"

가느다란 담배 연기를 뱉으며 툭 던지는 선재의 말을 준수는 금방 알아듣지 못했다. 얼떨떨한 표정을 짓고 있는 준수를 답답하다는 듯이 쳐다보더니 선재는 언짢은 투로 말을 이었다.

"너도 들었는지 모르겠는데, 다음 달이면 우리 입사 동기들 모두 대리 계급 달게 된다. 너만 빼고."

준수는 며칠 전부터 들리는 소문이 선재의 입을 통해 사실로 밝혀지자 가슴이 예리한 칼에 베이는 것만 같았다. 하지만 선재는 초라하게 쪼그라드는 준수의 어깨를 짐짓 외면하고 계속 칼을 휘둘렀다.

"왜 너만 승진 대열에서 밀려나는지 너도 알지? 나야 아무 종교도 없으니까 이런 말 하기는 좀 뭣하지만, 너도 좀 웬만큼 해라. 꼭 너같이 해야만 믿는 거냐?"

선재의 말에 준수는 고개를 숙인 채 묵묵부답으로 일관했다. 하지만 그의 마음속에서는 갈등의 파도가 거세게 일고 있었다.

준수가 승진에서 밀려나는 이유는 회사에서 요구하는 휴일 특근을 거부하고 동료들과 잘 어울리지 못한다는 데 있었다. 준수는 처음 입사한 날 인사하는 자리에서 "저는 교회에 가야 하기 때문에 휴일 근무는 할 수 없습니다."라고 분명하게 말했다. 그리고 회식 때마다 으레 따르는 2차, 3차 술자리를 피했다. 그런데 그런 것이 갈고리가 되어 자신을 승진 대열 밖으로 낚아채 버릴 줄은 전혀 예상하지 못했다. 하지만 이것 말고 준수가 모르고 있는 더 중요한 이유가 있었다. 그것은 바로 준수의 자세였다. 매사에 소심하고 소극적인 그의 자세가 그를 승진 대열에서 밀려나게 한 것이다.

준수가 가까스로 대리 반열에 오른 것은 다른 입사 동기들이 다 진급을 하고 1년이 더 지났을 때였다. 그 1년이 준수에게는 바늘방석에 다름 아니었다. 새까만 후배들 사이에서 어깨도 펴지 못하고 책상에 웅크리고 있는 것처럼 고역이 없었다. 그런 준수에게 승진 소식은 낙오자에게 날아온 구원의 희보(喜報)였다. 하지만 준수는 입맛이 씁쓸했다. 준수가 대리로 승진한 날 선재는 과장으로 올라섰기 때문이다. 준수는 낙오자의 대열에서 아슬아슬하게 구제된 기쁨을 채 맛보기도 전에 점점 더 벌어지는 선재와의 격차에서 오는 열등감을 느껴야 했다.

선재와의 격차는 전혀 좁혀질 기미가 보이지 않았다. 아니, 다른 입사 동기들과의 격차도 그랬다. 준수가 승진 대열에서 계속 밀려나는 것은 그 후로도 계속되었다. 그런데 준수가 입사 동기들 중 꼴찌로 과장이 될 때 이미 차장 자리를 차지하고 있던 선재가 한 달 만에 생산 2부장으로 임명을 받고 직속 상관이 된 것이다.

'앞으로 직원들 얼굴을 어떻게 보나? 동기에게 굽실거리며 부장님, 부장님 하게 생겼으니. 하-, 미치겠네! 차라리 사표를 내고 다른 회사를 찾아볼까?'

하루에도 수십 번 이런 생각을 했지만 그럴수록 마음의 생채기만 늘어났을 뿐 정작 사표를 던질 만한 용기는 없었다. 그런 준수에게 하루는 선재가 결재 서류를 던지며 한마디 했다.
"김 과장, 이따위로 해서 되겠어? 서류 다시 작성해서 오전 중에 올려."

직원들이 다 있는 자리에서 창졸간에 일어난 사태였다. 직원들은 짐짓 못 들은 척 고개를 숙이고 있었지만 준수는 오히려 그 분위기가 더 견딜 수 없었다. 직원들이 뒤에서 자기를 손가락질하는 것만 같고 자신을 쳐다보는 시선도 왠지 비웃는 것만 같았다. 마음이 더없이 착잡해진 준수는 도저히 견딜 수가 없어서 옥상으로 올라갔다.

"주님, 이럴 수는 없습니다. 믿지도 않는 친구들은 저렇게 탄탄대로로 뻗어 나가는데, 왜 나는 계속 이 모양입니까?"

하늘을 향해 소리를 질러 보았지만 마음은 조금도 시원해지지 않았다. 오히려 끝도 보이지 않는 사막에 홀로 서 있는 것 같은 막막함으로 가슴이 더 뻑뻑해졌다. 준수의 눈가가 물기로 번질거리기 시작했다.

그날 밤 준수는 아무것도 모르고 곤하게 잠들어 있는 아내와 아이들을 들여다보고 마당에 나가 깊은 생각에 빠졌다.

"주님, 저에게 기회를 주십시오……."

어느 순간부터인가 준수의 마음 깊은 곳에서부터 기도가 올라오고 있었다.

"김 과장, 내 방으로 와."

월요일 아침, 인터폰을 받은 준수는 불편한 마음으로 강 부장의 방으로 들어갔다.

"이번 달 말까지 각 부서별로 신상품 개발 아이디어를 내놓으라는 사장님의 지시가 떨어졌는데, 우리 부서 대표로 김 과장이 맡아서 해 봐. 이번 기회에 자네 실력을 한번 증명해 보이라고."

부장실을 나오는 준수의 얼굴이 붉게 달아올라 있었다.

'나를 시험대 위에 올려놓겠다는 거야 뭐야?'

그러나 이런 생각은 오래가지 않았다. 시간이 지날수록 마음속에 알 수 없는 자신감이 생기기 시작했다.

'그래. 못할 건 또 뭐야? 할 수 있어! 나도 할 수 있다고!'

준수는 그동안 성실하게 쌓은 자신의 실무 경험과 지식을 총동원하여 신상품을 구상하였다.

다음 달 첫 월요일. 준수가 점심 식사를 마치고 사무실로 들어오는데 인터폰이 울렸다. 비서실이었다.

"김준수 과장님, 사장실로 오십시오."

순간, 준수의 가슴은 쿵쾅거리기 시작했다.

'무슨 일이야? 뭐가 잘못되었나?'

사장실 문 앞에 이를 때까지도 준수의 마음은 전혀 진정이 될 줄을 몰랐다. 사장의 호출을 받아 본 적이 없는 준수로서는 자신을 부르는 이유를 전혀 짐작할 수 없었다.

비서의 안내로 사장실에 들어선 순간 준수는 가슴이 철렁했다. 선재가 심각한 표정으로 사장의 말을 듣고 있었기 때문이다. 사장은 선재에게 뭔가를 지시한 다음에야 비로소 준수에게 눈을 돌렸다.

"김 과장, 거기 그렇게 서 있지 말고 이리 와서 앉게."

사장이 자리를 권했지만 준수는 감히 사장과 마주앉을 엄두가 나지 않아 소파 끝에 겨우 엉덩이만 걸쳤다.

"이번에 각 부서에서 올라온 신상품 개발 아이디어들 중에서 김 과장의 것이 채택되었네."

준수는 사장으로부터 뜻밖의 말을 듣자 순간적으로 아무것도 생각이 나지 않아 잠시 머뭇거리다가 간신히 한마디 했다.

"감사합니다, 사장님."

사장은 얼굴이 벌개져 있는 준수를 보며 한마디 더 보탰다.

"자네를 생산개발부장으로 발령 냈네. 전례가 없는 특진이야. 이번 신상품에 우리 회사의 사활이 걸려 있네. 그러니 신상품이 차질 없이 잘 나오도록 책임지고 맡아서 해 봐. 방금 전에 강 부장한테도 지시를 해 놓았으니까 협조해 줄 걸세. 자네만

믿네."

"감사합니다. 열심히 하겠습니다."

얼떨결에 인사를 하고 사장실을 나섰지만 준수는 얼떨떨하기만 했다.

"부장님, 축하드립니다. 한꺼번에 두 단계를 뛰어넘다니……, 와! 김 부장님 그렇게 대단하신 줄 몰랐습니다."

사무실에 들어서는 순간 일시에 터져 나온 직원들의 축하 인사를 받으며 자리에 앉은 준수에게 선재가 다가와 손을 내밀었다.

"김 부장, 잘 부탁해. 이번에 우리 같이 멋지게 일해 보자."

준수는 씩 웃으며 선재의 손을 굳게 잡았다.

많은 사람이 인생의 역전을 꿈꾼다. 인생의 진정한 역전은 주님 안에서 이루어진다. 최선을 다해 성실하게 준비하고 기도하며 적극적인 자세로 나아가는 자만이 기회를 놓치지 않고 역전을 이루게 된다.

조금 다른 모습으로

창문으로 비치는 햇살이 아침부터 따갑다. 뜨겁게 달아오른 지열이 식을 줄 몰라 무더위에 밤새 잠을 설쳤지만, 지영이는 얼굴을 간질이는 아침 햇살에 깜짝 놀라 잠이 깬다. 지영이는 기지개를 켜고 창문을 연다. 새들이 지저귀는 소리 때문일까, 오늘따라 아침 공기가 유난히 상쾌하다.

부모님은 벌써 일어나셨는지 분주하게 짐 챙기는 소리가 들린다.

"아빠, 엄마, 안녕히 주무셨어요?"

욕실로 향하는 지영이의 마음도 어느새 분주해지기 시작한다.

"지환아, 이 늦잠꾸러기! 빨리 일어나."

세수를 마친 지영이는 동생의 방문을 두드리며 재촉한다.

8월 첫 주말, 마침 오늘은 아버지도 휴가라서 가족이 다 함께 사랑의 집을 방문하기로 한 날이다.

"엄마, 감자자루도 챙겼어요?"

"그래. 지영아, 아빠하고 지환이 좀 부르렴."

어느새 어머니는 이른 아침 식사 준비를 마쳐 놓으셨다.

간단하게 식사를 마친 지영이네 네 식구는 짐을 잔뜩 실은 승합차에 몸을 싣는다. 차가 출발하자 지영이가 콧노래를 흥얼거린다.

"오늘은 우리 지영이가 굉장히 기분 좋은 것 같구나."

아버지가 백미러를 통해 보면서 웃으신다.

"네. 반년 만이잖아요. 오랜만에 아이들도 보고 은혜도 만날 생각을 하니까 마음이 설레요. 더구나 오늘은 파티를 할거잖아요."

지영이가 은혜를 처음 만난 것은 초등학교 5학년 여름방학 때였다. 그날은 어머니를 따라 처음 사랑의 집을 방문한 날이었다.

지영이는 사랑의 집에 들어간 순간 복도를 지나다니는 아이들을 보고 우뚝 멈추어 섰다. 찌그러진 얼굴, 얼빠진 눈, 비틀린 사지, 헤벌쭉 벌어진 입……, 눈에 비치는 모든 것이 지영이에게는 충격이었다. 그 충격적인 모습들은 어머니를 따라 소장실에 들어간 후에도 뚜렷한 잔상으로 남아 지영이의 마음을 불안하게 했다.

"엄마, 무서워! 빨리 집에 가요, 네?"

조그만 목소리로 지영이가 어머니의 옷자락을 잡고 졸랐지만, 어머니는 지영이의 말이 들리지 않는지 그곳 소장님과 계속 이야기를 하셨다.

"그럼 한번 둘러보시지요. 양 선생님, 안내 좀 부탁드립니다."

소장님의 부탁을 받은 양 선생님이 지영이와 어머니를 위층 복도 끝 방으로 안내해 주셨다.

"이 방에는 정박아들만 있어요. 지체는 정상이지만 지능이 발달되지 않아서 항상 돌보아 주어야 하는 아이들이지요."

양 선생님이 말씀을 하시면서 방문을 여는 순간 지영이는 숨을 쉴 수가 없었다. 방안은 구린내와 지린내, 거기에 소독약 냄새까지 뒤섞여 악취가 진동했다. 지영이는 코를 틀어막고 방안의 풍경에 눈을 돌렸다. 그 방에는 지영이보다 어려 보이는 아이들 다섯이 있었다. 하나같이 짧게 깎은 머리에 간편한 반

바지 차림의 아이들이었다. 그런데 행동은 제각각이었다. 혼자서 끝도 없이 뱅글뱅글 도는 아이, 자기 뺨을 계속 때리고 있는 아이, 그 아이에게 밥을 먹여 주고 있는 아이, 밥이 부족했는지 엉금엉금 기어 다니면서 방바닥을 훑는 아이, 어른 키만 한 창문턱에 올라앉아 먼 산만 바라보고 있는 아이.

"얘들아, 손님께 인사드려야지."

양 선생님이 큰 소리로 부르자 아이들은 하던 짓을 멈추고 "엄마, 엄마!" 하며 양 선생님을 반기더니 지영이와 어머니에게 엉거주춤 다가왔다. 지영이는 자기에게 다가온 아이가 손바닥을 내밀자 어리둥절했다.

'어쩌라는 거야?'

그때 양 선생님이 눈치를 채셨는지 친절하게 말씀하셨다.

"힘껏 꼬집어 주렴."

지영이는 눈이 동그래졌다.

"그럼 아프잖아요."

"이 아이들은 손을 잡아 주면 느끼지 못해. 세게 꼬집어 주어야만 느낀단다."

"그런데 왜 나에게 손을 내미나요?"

"사랑이 고파서 그래. 이 아이들은 손을 꼬집히면 아주 좋아한단다."

양 선생님의 설명에 지영이는 마음이 아팠다. 언뜻 보니 어머니의 눈가에는 이슬이 맺혀 있었다.

"여자 아이들은 없나요?"

남자 아이들만 있는 방으로 온 것이 왠지 어색해서 묻는 지영이에게 양 선생님의 말씀이 다시 커다란 충격으로 다가왔다.

"이 아이들은 다 여자 아이들이야."

놀란 얼굴로 서 있는 지영이에게 또 한 아이가 다가왔다. 뺨을 때리는 아이에게 밥을 먹여 주던 아이였다.

"애 이름은 은혜야. 너보다 훨씬 어려 보이지만 은혜는 너랑 똑같이 열두 살이란다. 은혜는 이 방에 있는 아이들 중에서는 장애가 제일 덜한 아이야. 그래서 다른 아이에게 밥도 먹여 주고 세수도 시켜 준단다."

지영이는 비쩍 마른 7,8세쯤의 남자아이로 보이는 동갑내기 은혜를 물끄러미 바라보았다.

"엄마, 그 아이들을 보니까 기분도 이상하고 마음이 아파요."

집으로 돌아오면서 지영이가 불편한 마음을 털어놓자, 어머니는 다정한 눈길로 말씀하셨다.

"지영아, 그 아이들의 모습이 너와 조금 다르다고 해서 이상하게 생각하지 말아라. 그 아이들은 너처럼 건강하지는 않지만 너와 똑같이 하나님이 사랑하시는 아이들이야."

그날 밤 지영이는 사랑의 집 아이들 생각을 하다가 잠이 들었다.

그 후 방학이 끝날 때까지 지영이는 주말이면 어머니를 따라 사랑의 집을 찾아갔다. 동갑내기라는 유대감 때문인지 지영이는 점점 은혜에게 남다른 친밀감을 갖게 되었다.

매주 주말마다 사랑의 집에서 자원 봉사를 하시는 어머니는 그곳에 가실 때마다 아이들에게 성경 이야기를 재미있게 들려주시고 간단한 율동과 찬양도 가르쳐 주셨다. 아이들은 제대로 따라 하지는 못했지만 무척 즐거워했고, 그런 아이들을 보며 지영이는 새로운 세계에 눈이 떠져 갔다. 어머니와 함께 아이들과 놀고 간식을 먹여 주면서 사랑의 집 아이들에 대한 지영이의 편견은 점차 사라졌다.

6년이 지나는 사이 지영이는 벌써 다 자랐는지 어머니보다도 더 키가 컸다. 키가 자란 만큼 생각도 깊어지고 마음도 커진 것일까? 연초에 지영이는 부모님께 한 가지 부탁을 드렸다.

"아빠, 우리 아파트 뒤에 있는 텃밭을 빌렸으면 좋겠어요."

지영이의 부탁이 뚱딴지처럼 들렸는지 아버지와 어머니는

어리둥절해하셨다.

"감자를 심어서 올 여름에는 사랑의 집 아이들과 감자 파티를 하고 싶어요."

지영이의 말에 부모님은 지영이를 대견한 듯이 바라보셨다.

시에서 임대하는 작은 텃밭에 흙을 고르고 이랑을 만들고 이등분한 씨감자를 심으면서 지영이는 자신의 작은 사랑도 함께 심었다. 그 후 지영이에게는 한 가지 습관이 생겼다. 학교에서 돌아올 때 텃밭부터 먼저 둘러보는 습관이었다.

생전 처음 해 보는 일이었지만 지영이는 그만큼 더 지대한 관심을 가지고 감자를 재배하는 데 열심을 냈다. 한 달 후 감자에서 싹이 나자 지영이는 너무나 좋아서 가족들에게 자랑을 하고 또 했다. 아버지와 어머니는 그런 지영이를 보며 빙그레 웃기만 하셨고, 지환이는 한심하다는 듯이 한마디 했다.

"누나, 감자를 심었으니까 당연히 싹이 나지. 대단하지도 않은 일 가지고 되게 자랑하네."

하지만 지영이의 귀에는 지환이의 말이 들리지 않는 것 같았다.

지난 3월 말에 심은 감자를 캔 것은 이틀 전이었다. 마침 방학이 시작되었던 터라 지영이뿐만 아니라 지환이도 구슬땀

을 흘리며 감자를 캤다. 한 알 한 알 감자를 자루에 넣으면서 지영이는 사랑의 집 아이들의 얼굴을 하나하나 떠올렸다.

"지영아, 지환이 깨워라."

사랑의 집 아이들 생각에 빠져 있던 지영이는 아버지의 말씀에 정신을 차린다. 차창 밖을 보니 벌써 사랑의 집 입구다. 잠이 부족했는지 옆에서 세상 모르고 자는 지환이를 흔들어 깨우고 나서 지영이는 무거운 감자자루 하나를 낑낑대며 들고 사랑의 집으로 들어간다. 조금 작은 감자자루를 든 지환이는 잠이 완전히 깨지 않았는지 뒤에서 비틀비틀 걸어온다.

지영이네 가족은 그곳 선생님들의 도움을 받아 감자를 찐다. 감자 익는 냄새가 사랑의 집 구석구석까지 감돈다. 지영이의 사랑을 먹고 자란 감자라서 그런지, 감자 익는 냄새가 유난히 구수하다.

지금은 아이들의 보모 역할을 하고 있는 은혜와 함께 갓 쪄낸 감자와 집에서 준비해 온 과자와 음료수를 아이들에게 먹여 주던 지영이가 살며시 은혜를 본다. 조금은 모습이 다르지만 변함없이 착하고 좋은 친구 은혜의 순한 눈망울이 오늘따라 더 정겨워 보인다.

장애인은 도움만을 필요로 하는 불우이웃이 아니다. 그들은 우리와 사랑을 나누며 더불어 살아가는 우리의 친구들이다. 단지 조금 다른 모습으로.

언제나 사랑

예배를 드리고 집에 돌아온 나는 나른함에 오수를 즐겼다. 한참 자고 눈을 떠 보니 이미 해는 졌고, 부엌에서는 도마질 소리가 요란하다. 아내가 김치를 담그느라 양념 준비에 바쁜 모양이었다. 우리는 식당을 하는 관계로 한번 김치를 담그면 그 양이 만만치 않다. 나의 인기척을 들은 아내는 얼른 쑤어 놓은 풀을 내 앞에 가져다 놓으며 부탁했다.

"여보, 김치 담그는 것 좀 도와줘요."
"알았어. 근데 좀 천천히 할게."
"그래요. 어차피 풀 쑨 게 식어야 되니까."

나는 아직 잠이 덜 깬 상태여서 안방에 누워 TV를 켜고 보는 둥 마는 둥 하고 있었다.
그런데 별안간 아내의 비명 소리가 들렸다.
"어머, 내 손가락! 여보, 나 손가락이 잘렸어."
"잘리긴 뭐가 잘려. 어디 봐."
나는 늘 그랬듯이 아내의 과장된 표현이려니 하고 부엌으로 어슬렁거리며 기어 나갔다. 하지만 내 눈앞에 벌어진 광경은 너무도 끔찍했다. 다친 손가락을 거머쥔 아내의 손가락들 사이로 붉다 못해 검게 보이는 피가 낭자하게 흐르는 것이었다. 아내는 잔뜩 겁먹은 표정에 극도로 흥분된 상태였고, 나도 너무나 놀란 나머지 아무 생각 없이 아내를 다그치기만 했다.
"왜 그랬어? 손 좀 치워 봐. 어디 좀 보자."
정말로 손가락 마디 하나가 잘려 나갔다. 나는 또 소리를 쳤다.
"손가락 마디가 어디 간 거야? 빨리 찾아야 봉합 수술을 받지. 찾아 봐!"
나는 수도 없이 혼자 중얼거리며, 무엇부터 해야 할지 몰라 갈팡질팡했다.
'이러면 안 돼. 서둘러야지.'
나는 마음을 가라앉히고 잘려 나간 손가락 마디를 찾기 위해 마늘 분쇄기 안을 들여다보았다. 하지만 잘려 나간 손가락 마디는 보이지 않았다. 순간 더 이상 시간을 지체하면 안 될 것 같아 결국 아내를 차에 태워 데리고 나갔다. 그러는 사이 아내는 점점 더 통증을 호소하기 시작했다.

"여보, 나 너무 아파. 나 이제 손가락 잘려서 병신 된 거지. 어떻게 해."

그 말을 듣고 나서 나는 더욱더 마음이 조급해졌다. 아프다 못해 겁이 나기 시작한 아내는 잠시나마 통증을 잊어 보려는 듯 옆에서 큰 소리로 방언기도를 했다. 보통 때 같았으면 얼른 119를 생각했을 텐데 너무 당황한 나머지 나는 병원을 찾아 우왕좌왕 길거리를 헤맸다.

결국 우리 부부는 119에서 소개해 준 병원을 찾아갔고, 유능한 의사 선생님 덕분에 아내의 손가락은 잘렸을 때보다는 많이 길어지게 되었다.

병실에 누워 있는 아내가 또다시 푸념이다.
"여보, 내가 아무리 유부녀라지만 그래도 여잔데 손가락이 잘렸으니 어떡해."
"걱정하지 마. 내 눈엔 당신이 세상에서 제일 예뻐. 당신이 더한 상황이 된다 해도 난 당신만 사랑해. 그리고 필요하다면 내 손가락을 당신에게 줄 수 있어."

"그건 필요 없어!"

"왜 필요 없는데?"

아내는 가느다란 두 줄기의 눈물을 흘리며 나에게 더 이상의 부담을 주지 않으려는 듯 애정 어린 투정을 했다.

"당신 손가락은 굵고 못생겨서 억지로 갖다 붙여 놓아 봤자 폼도 안 나."

남들 눈엔 우리 부부의 대화가 유치해 보이겠지만 우리는 서로의 대화에서 서로를 향한 사랑을 느낄 수 있었다.

이때 병실 안 TV에서는 교통사고로 인해 불의의 사고를 당한 한 자매의 이야기가 방송되고 있었다. 그녀는 얼굴과 상반신 전체에 화상을 입어 수도 없이 재수술을 받았다고 했다. 그 와중에 너무나 견디기 힘들고 고통스러울 때도 있었지만 늘 옆에서 힘이 되어 준 오빠와 엄마, 아빠의 사랑 덕에 이겨 낼 수 있었다고 했다.

"여보, 저 자매에 비하면 난 아무렇지도 않은 거네. 아무래도 내 모습에 감사하라고 하나님이 특별히 이 방송을 보게 해 주신 거 같아."

"당신이 그렇게 생각해 주니 내가 괜히 더 감사한 걸. 나도 저 식구들처럼 당신 옆에서 큰 힘이 되어 줄께."

하루 밤새 자신의 상처를 떨쳐 낸 아내는 퇴원하는 날까지 병실마다 돌아다니며 하나님의 말씀과 사랑을 전하느라 바빴다.

퇴원한 지 두어 달쯤 됐을까? 아내는 다시금 짧아진 손가락을 바라보며 종종 한숨을 내쉰다. 아무래도 극복하기에는 너무 큰 상처인 모양이다. 외출할 때면 어김없이 얇은 장갑을 손에 끼든지 가디건의 소매를 길게 늘어뜨려 짧아진 손가락을 가리고 나간다. 그런 아내의 모습을 볼 때마다 왠지 모를 미안함에 나의 시선은 다른 곳을 향한다.

하루는 아내가 인터넷을 통해 무언가를 보자고 했다.
"여보, 지난번 그 자매가 ○○교회에서 간증을 했대. 크리스천인가 봐."
"그래? 그럼 어디 한번 볼까?"
인터넷을 통해 간증집회를 보던 우리 부부는 서로 부둥켜안고 눈물을 흘렸다.
화면에 비춰 주는 그녀의 사고 전의 모습은 너무나 예쁘고

아리따웠다. 그런데 그녀는 오히려 화상을 입은 현재의 모습에 감사하다고 고백했다. 나와 아내는 동시에 "왜 그러지?" 하며 궁금해했다. 놀랍게도 그녀의 고백은 이랬다.

"그때는 단지 저 혼자 찬양하며 신앙생활을 했습니다. 그러나 지금은 부족한 저를 이렇게 높여 주셔서 하나님을 증거하는 일꾼으로 삼아 여러분 앞에 설 수 있게 해 주셨습니다."

나와 아내는 할 말을 잊었다. 그리고 동시에 눈시울이 붉어지며 그 자매 안에 역사하시는 하나님의 사랑을 통해 우리를 향한 하나님의 사랑을 느낄 수 있었다. 울고 있는 아내를 다독이는 동안 아내의 짧아진 손가락이 나의 큰 손안에서 쉼을 얻는다.

오래간만에 아내가 환한 미소를 얼굴에 담고 외출을 한다.
"나 새로 개업하는 옆집 식당에 전도하러 가. 주인이 아직 교회에 안 다닌다고 했거든."

하나님의 크신 사랑 안에서는 우리의 어떠한 상처도 다 치유된다. 하나님은 상처를 극복한 사람을 통하여 하나님의 사랑을 널리 알리신다.

효진이의 가출

"당신이 이번 한 번만 좀 해."
"왜 맨날 나보고만 하라고 그래. 당신이 해."
주식 투자 실패 이후, 아빠와 엄마는 서로 돈을 빌려 오라고 잦은 신경전을 벌이셨다. 밤낮 싸우는 소리를 듣고 있다 보니 나는 늘 집에 있는 게 짜증이 났다. 집구석이라고 해서 맘에 드는 것 하나 없고 더 이상 집에 있고 싶지 않았다.
'그래. 내가 나가서 돈을 벌자.'

무작정 집을 나선 나는 막상 갈 곳이 없었다. 길거리를 헤매기 시작한 지 반나절, 이미 어둑해진 하늘은 약간의 두려움으로 다가왔다. 그러다 우연찮게 또래 아이들이 하는 말을 엿듣게 되었다.

"야, 우리 오늘은 시립 청소년 센터에 가서 자자."

나는 그길로 시립 청소년 센터를 찾아가 그곳에서 잠자리를 해결하기 시작했다. 그러나 하루하루 지내다 보니 용돈이 필요했다. 집에서 나온 목적도 돈을 벌기 위해서였기 때문에 아르바이트 자리를 찾아 나섰다. 햄버거 가게와 편의점 등 안 가 본 곳이 없었다. 하지만 한결같이 "나이가 너무 어려서 안 돼."라는 대답뿐이었다.

낙심하고 센터로 돌아와 방구석에 기대앉아 있는데, 한 고등학생 언니가 내게 다가왔다.

"야, 너 돈 빨리 벌고 싶지 않아?"

나는 귀가 솔깃해서 얼른 대꾸했다.

"네, 그런데요?"

"그거 내가 가르쳐 줄게. 나 따라와."

나는 순간 느낌이 이상해 어설프게 거절을 했다.

"오늘은 몸이 아파서 움직이기가 싫고……내일 따라갈게요."

아무리 돈을 벌어야 하는 상황이라도 술집에 나가기는 싫었다.

'정말로 내가 이렇게까지 망가져야 하나.'

나는 이 문제로 한 보름 정도 고민을 했다.

'어쩔 수 없지. 이 길밖에 없는데.'

드디어 마음의 결정을 하고 오늘 밤에는 주선하는 언니를 따라갈 작정이었다.

그런데 갑자기 상담사 선생님이 나를 불렀다.

방으로 내려가 보니 엄마가 초췌한 모습으로 앉아 있었다.

"효진아!"

"……"

"아이고, 하나님 감사합니다."

"……"

나는 아무 말도 할 수 없었고, 엄마는 그런 나를 끌어안고 한동안 울었다 때렸다 하셨다. 그리고는 마음이 좀 진정되셨는지 이것저것 물으시느라 정신이 없으셨다.

"밥은 잘 챙겨 먹었구? 어디 아픈 데는 없어? 요즘 뭐하면서 지냈어? 엄마 안 보고 싶었어?"

나는 결국 마지막 물음에 눈물을 터뜨리고 말았다. 그런 날 엄마는 꼭 감싸 안아 주셨다.

"엄마가 잘못했어. 다 엄마 잘못이야."
"아니야. 내가 잘못했어. 미안해, 엄마."

엄마의 손에 이끌려 집으로 돌아온 나는 내 방에 들어가 맘 편히 침대에 드러누웠다. 그 순간 낮에 한 결심이 나의 뇌리를 스치고 지나갔다.

'하마터면 돌아올 수 없는 길로 빠질 뻔한 나를 지켜 주신 하나님 감사합니다.'

그러나 감사의 순간은 너무도 짧았다.

저녁에 들어오신 아빠는 내가 왜 가출을 했는지 그 진정한 이유는 들으려 하지 않고 다짜고짜 소리만 지르시는 거였다.

"너 이성 친구 생긴 거야? 그래서 집 나간 거야?"

"아니에요."

"아니면 뭐 때문에 나간 거야? 아빠 엄마가 학교도 보내 줘, 옷도 입혀 줘, 뭐가 부족해서 집을 나간 거야?"

"그게요……."

"뭘 잘한 게 있다고 꼬박꼬박 아빠 말에 말대꾸야."

아빠는 언제나처럼 '무조건 나를 따라라' 하는 명령이셨지 상대방과 대화를 하려 하지 않으셨다.

하루 이틀 이런 말다툼이 계속되다 보니 나는 홧김에 또 집을 나갔다.

그렇지만 이번에는 지난번과 다르게 마음에 죄책감이 밀려왔다. 그래서 엄마가 일하시는 식당을 몰래 찾아가 물끄러미 창 밖에서 엄마의 모습을 바라보았다. 너무나도 낯선 엄마의 모습이었다. 엄마와 동갑내기 정도로 보이는 주인 아주머니에게 "네. 네." 하며 머리를 조아리는 모습.

그 순간 뜨거운 눈물이 내 눈망울을 넘쳐흘렀다. 비록 매일 밤 다투시긴 하지만 이렇게 우리 가족을 위해 애쓰시는 엄마인데, 내가 매번 엄마 맘을 상하게 해 드려도 되는 것인가!

나는 곧바로 집으로 돌아가 아빠 앞에 무릎을 꿇었다.

"아빠, 제가 잘못했어요. 다시는 엄마 아빠 속상하게 하지 않을게요. 그리고 공부 열심히 해서 검정 고시에 꼭 합격해 대학에 진학하겠습니다."

처음으로 아빠와 대화를 했다. 여지껏 대화가 통하지 않았던 건 아빠만의 문제가 아니라 나에게도 있었던 것이다. 나는 아빠의 말이라면 아예 들으려 하지 않았던 것이다. 나의 잘못을 깨닫고 조금씩 노력을 하다 보니 아빠와 대화의 창구가 열렸다. 그래서 내친김에 아빠를 껴안고 한 말씀 더 드렸다.

"속 썩여 드린 것을 생각해 앞으로는 두 배로 더 열심히 효도하며 살겠습니다."

뒤늦게 식당 일을 마치고 돌아온 엄마가 우리 둘의 모습을 보고는 너무나 기뻐하시며 "하나님 감사합니다."만 되풀이하셨다.

자녀는 하나님이 우리에게 주신 선물이며, 부모는 하나님의 대리자로서 마땅히 우리가 공경해야 할 대상이다.

다시 떠오르는 태양

"동서, 나도 예전에 교회 다녔었어. 근데 시집오고 나서는 시댁을 따라야 하잖아. 동서도 교회 다닐 생각일랑 애시당초 접고 시댁에서 하라는 대로 해."

"그래요, 형님. 애들 고모가 무당인데 어떻게 교회를 다녀요?"

동서들은 이제 갓 시집온 소연을 어르고 달래는 중이다. 그네들도 처녀 시절 교회를 다녔었지만 서슬 퍼런 집안에 시집온 이후로 교회는 생각도 못해 봤다.

"아뇨, 전 교회 다닐 거예요. 무슨 일이 있어도 그건 포기

못해요."

소연은 단호했다. 그 서슬에 식구들은 아연해했지만 워낙 완고한 소연의 태도는 그들에게 난감한 것이었다.

'상황이 이럴수록 내가 물러서면 안되지.'

굳은 결심을 하고 소연은 결혼 전보다 더 열심히 기도하기 시작했다. 연애할 때부터 소연을 따라 교회를 다니던 남편은 소연의 태도에 별 거부감 없이 신앙생활을 열심히 했다. 봉사도 하고 모임에도 열심히 나가던 남편은 같이 봉사하던 집사님의 권유를 받아 해외 선교회에 등록을 하고 그들의 영혼 구원에 헌신했다. 금슬 좋고 다복한 그들의 집에는 웃음이 끊이지 않았다. 네 명이나 되는 아이들 역시 별 탈 없이 무럭무럭 잘 자라 주었다.

그러던 어느 날 소연은 전화 한 통을 받았다.
"여보세요?"
"거기 민영길 씨 댁 맞습니까?"
"예, 그런데요."
"여기 OO병원인데요, 민영길 씨가 지금 교통사고로 응급실에 있습니다. 빨리 오십시오."

"예?"

소연은 정신이 없었다. 허겁지겁 병원으로 달려간 소연이 발견한 것은 의식을 잃고 누워 있는 남편의 모습이었다.
"여보! 예랑 아빠!"
대답이 없었다.

남편은 유언 한마디 남기지 않고 이틀 뒤 세상을 떠났다. 청천벽력이 이보다 더할까. 소연은 넋을 잃고 주저앉아 믿기지 않는 현실을 부인하고 또 부인했다. 그러나 삶은 현실로 다가왔다. 당장 넷이나 되는 아이들하고 먹고살아야 했다. 소연은 정신을 가다듬고 현실에 적응하기 시작했다.

남편의 사업을 정리하고 보니 들어온 돈보다 나간 돈이 많았다. 돈을 돌려주러 오는 사람은 없는데 받으러 오는 사람은 왜 그렇게 많은지. 이것저것 해 가며 네 아이들을 공부시키자니 정말 생활이 빠듯했다. 자연히 신앙도 시큰둥해지고, 남편이 그토록 열심이었던 해외 선교에도 관심을 기울이지 않았다. 소연으로 인해 교회를 다니게 된 시댁 식구들은 그런 그녀의 태도를 의아해했다.

큰딸 예랑이가 대학에 들어갈 무렵 소연은 교통사고를 당했다. 큰 사고로 소연은 혼수상태에 빠졌다가 기적적으로 회생했다. 병실에 누워 있는 소연에게 정신없이 살아온 인생이 주마등처럼 스쳐 갔다.

남편의 죽음, 생활고, 자신을 쳐다보는 네 아이들의 반짝이는 눈동자, 그리고 쏜살처럼 흘러간 12년의 세월, 바르게 자라 준 아이들.

소연은 그제서야 자신과 아이들을 감싸 주고 있는 커다란 손을 깨달았다.

'아, 우리 아이들이 저렇게 문제 없이 잘 큰 것은 다 하나님의 은혜였구나! 내가 여지껏 건강하게 살아온 것도 역시 하나님의 은혜였어. 왜 그걸 진작 깨닫지 못했을까.'

소연은 하나님의 큰 사랑을 가슴으로 느꼈다. 그리고 결단했다. 자신이 앞으로 무엇을 할지.

퇴원한 후 소연은 남편이 봉사하던 해외 선교회를 찾아갔다. 낯선 얼굴들. 그러나 다들 그녀를 반갑게 맞아 주었고, 그녀가 남편의 이야기를 하자 나이 드신 한 장로님이 반색을 했다.

"아, 민영길 집사님? 참 열심이셨는데……. 그때 저희도 참 놀라고 안타까웠습니다."

소연은 앞으로 자신도 해외 선교를 위해 헌신하고 싶다고 마음을 털어놓았다. 그리고 그곳에 있는 분들과 함께 기도했다. 내일을 바라보는 소연의 마음에는 눈부신 태양이 떠오르고 있었다.

　우리가 세파에 밀려 하나님의 사랑을 깨닫지 못하고 살아가는 순간에도 하나님은 당신의 자녀들을 잊지 않으시고 돌봐 주신다. 한없는 긍휼과 사랑으로…….

첫나들이

"엄마, 나도 컴퓨터 사 줘요. 우리 반에서 컴퓨터 없는 애는 나밖에 없단 말이에요."

재석이의 불만에 어머니는 한숨을 푹 쉬셨다.

3년 전 아버지가 친구에게 빚보증을 서 주었던 것이 잘못되는 바람에 하루아침에 빚더미 위에 올라앉게 된 후 재석이네는 일 년에 한 번 꼴로 이사를 다녔다. 잦은 이사와 전학으로 재석이는 학교에도 집에도 마음을 붙이지 못하고 겉돌기 시작했다. 용돈이라도 조금 생기면 만화방으로, 오락실로 돌아다니고 학교를 결석하는 날도 많아졌다.

중학생이 된 후 재석이는 반항적인 아이가 되었다. 사춘기라서 그럴거라고 생각은 하면서도 재석이가 어깃장을 놓을 때마다 어머니의 마음은 장마철 하늘처럼 먹구름이 덮였다. 더구나 오늘처럼 풀어 줄 수 없는 불만이 터져 나올 때에는 아들을 어떻게 달래야 할지 몰랐다.

"재석아, 조금만 더 기다려. 내년에는 꼭 컴퓨터 사 줄게."
"칫, 작년에도 그러고 안 사 주었잖아요."

어머니는 퉁명스럽게 쏘아붙이는 재석이를 망연히 바라보다가 구역예배에 가셨다.

"재석아, 다음 주에 교회학교 수련회가 있다면서?"
어머니가 저녁 식사를 하다가 불쑥 입을 여셨다.
"……."
재석이는 아직도 심통이 나 있는지 아무런 대꾸가 없다.
"너도 수련회 가야지. 아까 구역예배 갔다가 들었는데, 이번에 가는 수련장에는 수영장도 있다고 하더라."

어머니는 계속 수련회 이야기를 늘어놓으며 재석이의 눈치를 살폈지만, 재석이는 퉁퉁 부은 얼굴로 밥만 퍼먹고 있었다. 그래도 어머니는 재석이에게 계속 말을 거셨다.

"여름방학이라고 어디 피서도 한 번 못 갔는데 수련회에라도 다녀와라. 가서 수영도 하고 재미있게 놀다가 오렴."

어머니의 말이 쉽게 끝날 것 같지 않자 재석이는 던지듯이 수저를 놓고 밖으로 나가 버렸다.
'친한 애들도 없는데 수련회 따라가면 혼자서 뭘 하라고?'
재석이는 홧김에 돌멩이를 힘껏 걷어찼다.

재석이가 수련회에 간 것은 어머니의 권유 때문이 아니었다. 더운 날씨에 집에서 통땀 흘리면서 빈둥거리는 것도 지겨웠고 수련장에 수영장이 있다는 것에 마음이 끌린 탓이었다.
난생 처음 하는 혼자만의 나들이라서 그런가, 관광버스에 올라 수련장으로 떠나면서 재석이는 마음이 들뜨기 시작했다.
수련장은 생각했던 것보다 더 좋았다. 푸른 나무들이 울창하게 우거진 곳에 그림처럼 서 있는 하얀 수련장 건물을 보는 순간 아이들은 하나같이 탄성을 질렀다.
재석이는 수련회가 처음이라 얼떨떨한 점도 있었지만 금방 익숙해졌다. 열 명씩 조를 나누어 공동생활을 하는 동안 한 조가 된 아이들의 새로운 면도 발견하게 되었다. 함께 식사하고 함께 대화를 하다 보니 재석이는 그 아이들과 금세 친해졌다. 심지어 평소에는 하기 싫던 성경공부도 친구들과 하니까 재미있었다. 무엇보다도 재석이가 기뻤던 것은 마음껏 수영을 할 수 있다는 것이었다.

아이들과 어울려 웃고 노는 사이에 일주일간의 수련회 기간은 금방 지나갔다. 귀가를 하루 앞둔 날 저녁, 재석이는 서운한 마음으로 저녁 예배에 참석했다. 수련회 마지막 날이라서 그런지 예배 분위기가 조금은 숙연하게 느껴졌다. 목사님의 설교가 끝나고 기도 시간이 되자 아이들은 저마다 열심히 기도하기 시작했다. 그러나 재석이는 섭섭해서인지 기도가 되지 않았다. 눈을 감았지만 온갖 생각들로 마음이 어지럽기만 했다.

그날 밤, 친구들은 잠이 들었지만 재석이는 계속 몸을 뒤척이다가 밖으로 나왔다. 여름밤 하늘은 보석을 뿌려 놓은 것처럼 찬란한 별들이 총총히 박혀 있었다. 재석이는 밤하늘의 별들을 헤아리다가 불현듯 어머니의 모습을 떠올렸다. 슬픈 어머니의 모습이 떠오르자 마음이 아팠다. 재석이는 밤새 기도를 하였다.

"잘 다녀왔습니다."

대문을 열고 들어서는 재석이의 목소리가 우렁차다.

마당에서 빨래를 널고 계시던 어머니가 얼른 재석이의 여행 가방을 받아 들며 물으신다.

"재미있게 놀았어? 어디 아픈 데는 없고?"

"무지무지하게 재미있었어요. 엄마, 고마워요."
어머니의 허리에 팔을 두르며 재석이는 씩 웃었다.

부모님의 사랑은 끝없는 우주와 같다. 자식이 아무리 실수하고 부모의 뜻에 등을 돌릴지라도 한결같은 사랑으로 기다려 주신다. 하나님의 사랑은 바로 부모님의 사랑이다. 성도에게는 언제나 푸근히 안길 수 있는 하나님의 넉넉한 품이 있다.

예비된 만남

"어, 비가 오네!" 흰 치마를 입고 노방전도를 나갔던 미정은 황급히 비를 피했다. 그러나 갑자기 내린 소나기의 굵은 빗방울은 그녀의 옷을 금새 적셔 놓았다. 미정은 앞으로 옷을 바꿔야겠다는 생각을 했다.

미정은 한 달에 한 번씩 개척교회를 도와 전도를 하는 전도팀의 일원이다. 여자들은 전도할 때 흰 치마를 입기로 했는데 오늘처럼 비가 오는 날은 낭패를 보기 일쑤였다. 미정은 팀원들에게 옷을 바꾸자고 제안을 하고 간편한 바지를 맞추기로 의견을 모았다. 의류 도매시장이라면 안방을 보는 것처럼 잘 아는 백 집사님에게 물어 미정은 괜찮다는 옷 가게를 소개받았다. 방문에 앞서 미리 전화를 걸어 시간 약속을 했다.

숨을 턱턱 막는 무더위를 무릅쓰고 찾아간 동대문 옷 가게에서 미정은 주인 여자를 삼십 분이나 기다렸다. 주인 여자는 상기된 얼굴로 헐레벌떡 뛰어왔다. 무슨 사정이 있겠지 싶어 미정은 별말 없이 옷값을 흥정하여 맘에 드는 디자인의 옷을 적당한 가격에 거래하기로 결정을 보았다. 그런데 흥정이 끝났는데도 주인의 얼굴이 영 밝지 않았다. 미정은 그냥 이대로 일어서면 안 될 것 같았다.

"저, 혹시 교회 다니세요?"
"아니요. 처녀 적에는 잠깐 다녔었는데 결혼한 후로는 갈 여유가 안 되네요."
"그렇죠. 이 일이 많이 바쁘죠? 다들 쉬운 일 하려고 난리인데 이런 궂은일을 변함없이 해 주시니 저희가 감사하죠. 덕분에 저희가 맘놓고 좋은 옷 입을 수 있잖아요."
"정말 그렇게 생각하세요?"
"예."
주인 여자는 한참을 미정 얼굴을 쳐다보더니 이내 한숨을 내쉬었다.

'아, 무슨 일이 있긴 있구나.'

미정은 묵묵히 기다려 주었다. 이윽고 주인 여자는 천천히 입을 떼었다.

주인 여자의 말을 들어 보니, 업종 전환 문제로 남편과 다투기 시작한 지 벌써 1년이 넘었다. 남편은 커피숍같이 쉽고 돈이 잘 벌리는 일을 하자고 하고, 부인은 계속 이 일을 해야 한다고 고집을 하다가 싸움이 잦아지고 감정 다툼이 격해져서 이젠 아예 이혼하기로 합의를 했다는 것이다. 미정을 만나고 난 후 이 부부는 법원에 갈 생각이었고 그래서 약속 시간도 삼십 분이나 늦었던 것이다. 주인 여자는 지푸라기라도 잡는 심정으로 미정에게 남편을 좀 설득해 달라고 부탁했다. 미정은 속으로 '이게 바로 하나님이 예비하신 만남이구나!' 하는 생각에 흔쾌히 허락했다.

주인 여자와 함께 커피숍을 들어서니 창가에 앉아서 담배만 뻑뻑 피워 대는 한 남자가 눈에 띄었다. 예상대로 주인 여자는 그에게 다가갔다. 미정은 말없이 인사를 꾸벅 하고 자리에 앉았다. 남편이 이상한 눈으로 쳐다보자, 주인 여자는 얼른 미정을 소개했다.

"가게에서 만난 손님이에요. 당신하고 얘기하면 좋을 것 같아서 이렇게 모셔 왔어요."

"……."

남편의 얼굴엔 피곤과 갈등의 기색이 역력했다.

"저는 ○○교회에서 옷을 맞추러 온 이미정입니다. 먼저 사장님께 감사드립니다. 사장님 같은 분 때문에 저희가 마음 놓고 좋은 옷을 입을 수 있으니까요. 요즘 사람들은 대개 쉽게 돈을 벌려고 하고 일확천금을 노리는데 이렇게 꿋꿋이 어려운 일을 고집하시니 더 감사하지요."

"……."

"혹시 교회 다니신 적 있으세요?"

"예, 어릴 때부터 다녔습니다. 교회에서 주는 장학금으로 공부도 했구요. 그래서 고향에 내려가면 그 교회에 들러 감사헌금도 내고 옵니다."

"그러셨군요. 요즈음엔 교회 안 다니신다고 들었는데……."

"일하느라 바쁘고, 또 사업상 술도 마셔야 하고 그래서 그렇게 되었습니다. 그래도 저희 어머니는 저희를 위해 하루도 안 빠지고 매일 기도하십니다."

"그럼 제가 어머님의 기도 응답이네요."
"……."

미정은 예수님에 대해 간단하게 설명해 주고 왜 교회를 다녀야 하는가에 대해 자신이 아는 한도 내에서 정성껏 설명해 주었다. 얘기를 듣는 동안 부부의 눈에는 눈물이 고이기 시작했다. 이미 준비된 마음들이었다. 미정이 결신을 권유하자 그들은 순순히 받아들였다. 그리고는 두 손을 모으고 커피숍의 사람들 시선에 아랑곳없이 내 기도를 따라 했다.

"앞으로 이혼이란 말은 입에 담지도 마시구요, 꼭 교회 다니셔야 합니다. 지금 하신 기도는 주님과 한 약속입니다. 그러니 반드시 지키셔야 돼요. 아셨죠?"
부부는 미정을 쳐다보며 고개를 끄덕였다. 주소와 전화번호를 받아 적고 주일 날 만나기로 약속을 하고 미정은 자리에서 일어섰다.

턱 밑까지 차오르던 더위는 어느새 상큼한 여름의 향내로 변해 있었다. 흐르는 땀을 닦을 생각도 하지 않은 채 미정은 가벼운 발걸음에 콧노래를 부르며 집으로 향했다.

'이렇게 만남을 예비하시는 하나님, 저를 오늘도 주님의 귀한 도구로 사용해 주셔서 감사합니다. 저 영혼들이 이제 주님 안에서 평안을 누리며 행복하게 살아갈 수 있도록 도와주세요.'

하나님이 예비하신 잃어버린 영혼은 의식하지 못하는 순간에 우리에게 다가온다. 준비된 자만이 잃어버린 영혼을 하나님께 인도하는 특권을 누릴 수 있다.

깊은 곳으로 가는 길목

    18살 때 나는 예수님에 대해 생각하지도 않았습니다. 그 당시 나에게는 불타는 인생의 꿈이 있었습니다. 그래서 예수님을 믿으라는 전도에 대해서는 아주 무관심했습니다. 이런 나에게 지진이 다가왔습니다. 그러니까 지금으로부터 50년 전, 어느 날 가정교사로 있던 집에서 학생을 가르치는데 무엇인가 목에 가득 차 올라왔습니다. 무심코 뱉어 보니 새빨간 피였습니다. 깜짝 놀란 나는 얼른 밖으로 뛰어나가 피를 토했습니다. 나의 삶은 깨어지고 나는 설 곳을 잃었습니다.
    병원에 가서 엑스레이를 찍어 보니 더욱 절망적이었습니다. 의사는 "이렇게 되기까지 어떻게 살았느냐?"며 고개를 흔들었습니다. 내 오른편 폐의 중앙은 구멍이 뻥 뚫려 있었습니다. 뿐만 아니라 옆구리에는 늑막염으로 고름이 가득 차 있었습니다. 나는 칠흑같이 어두운 절망에 몸부림쳤습니다. 이렇게 나의 얕은 곳의 삶이 깨어졌을 때 나는 깊은 곳을 향해 부르짖을 수밖에 없었습니다. 그때 예수님께서 나의 빈 인생의 배에 성큼 타고 들어오셨습니다. 그때로부터 시작해서 나는 예수님과 함께 힘찬 인생항해를 해 왔습니다.
    시험과 환난은 얕은 인생의 껍질을 깨뜨리고 깊은 세계로 향하는 길을 가기 위한 주님의 초청의 손길입니다.

기다림

"가족 앨범을 한 장 한 장 넘기는 정순의 얼굴에 미소가 어린다.

"움-마."

노란 과자 부스러기를 온 얼굴에 잔뜩 붙이고 즐거운 양 입을 벌리고 있는 첫째 형건이, 돌상을 받다가 졸음에 못 이겨 쓰러진 둘째 용건이, 엄마 아빠 품에 하나씩 안겨 카메라 플래시에 놀란 듯 동그란 눈을 하고 있는 아이들, 어깨동무를 하고 나란히 서서 활짝 웃고 있는 두 형제…….

"엄마, 엄마. 엄마는 날 제일 사랑하지? 형보다 더 사랑하지?"

초등학교 때부터 장남인 형에게 밀린다고 생각했는지 용건이는 하루에도 몇 번씩 엄마에게 매달려 물었다.

"그럼. 엄마는 용건이를 제일 사랑하지. 엄마는 나중에 용건이랑 같이 살 거야."

"엄마, 정말이지, 용건이랑 살 거지? 새끼손가락 걸고 꼭꼭 약속해야지."

용건이는 어렸을 때부터 유난히 엄마를 좋아하고 따랐다. 물론 정순은 두 아이 다 목숨같이 소중했지만 엄마를 졸졸 따라다니는 용건이에게 잔정이 더 갔다.

정순의 눈이 한 곳에 멈춘다. 스포츠형 머리에 고1 배지가 달린 교복을 단정하게 입은 용건이가 의젓하게 입을 꾹 다물고 정순을 보고 있다. 정순은 사랑스런 아들의 사진을 손가락으로 쓸어 본다.

'얼마나 사랑스런 내 새끼인가, 얼마나 귀한 내 아들인가! 용건아-, 용건아-.'

그러나 이내 사진에 뚝뚝 떨어지는 굵은 눈물방울은 무엇인가.

그날은 아침부터 영 기분이 개운치 않았다. 간밤에 정순은

기다림 133

두 번이나 가위에 눌렸다. 마음이 산란한 정순은 안방이며 아이들 방의 이불 호청을 죄다 뜯어 빨고 있었다. 큰 대야에 세제를 풀어 이불 호청을 잔뜩 담가 맨발로 밟고 있을 때 마루에서 전화벨이 요란하게 울렸다.

"용건이 어머니십니까? 저 용건이 담임입니다. 빨리 경찰서로 나오셔야겠는데요."

용건이 담임의 전화는 정순의 인생에 울리는 비상 경보음이었다.

"네? 경찰서라뇨? 선생님, 우리 용건이에게 무슨 일이 생겼나요? 친구들하고 싸웠나요?"

허둥지둥 담임이 일러 준 경찰서로 달려갔을 때 정순은 상상치도 못했던 일을 목격해야 했다.

"신고를 받고 나갔더니 요 앞 아파트 지하실에서 본드를 흡입하고 흐느적거리고 있더군요."

사건을 담당한 경찰은 기가 막히다는 듯이 말했다.

경찰서 유치장에 아이들 몇이 쭈그리고 있다. 아직도 약 기운이 돌고 있는지 아이들의 눈은 멍하니 초점이 없다. 그 아이들 가운데 하나는 용건이었다. 담임의 말로는 용건이는 근래 들어 무단 결석을 몇 번이나 했다고 한다. 경고를 하고 어머니를 모시고 오라고 해도 집에서는 아무 소식이 없었다는 것이다.

정순은 도저히 믿기지 않았다.

"선생님, 어떻게 이런 일이……, 용건이는 우리 용건이는 이런 애가 아닌데……."

"예. 학기 초만해도 별다른 일이 없었죠. 여름방학 때 보습에 몇 번 결석해서 혼이 났는데, 아이가 이상해지기 시작했습니다. 아무래도 그때부터 질 나쁜 애들을 사귄 게 아닌가 싶군요."

용건이의 일은 담임선생님이 팔방으로 애쓴 덕에 유기정학으로 처리됐다. 용건이와 어울렸던 아이들 중에 둘은 이미 퇴학당한 아이들이었다.

집에 데려온 용건이는 제 방에서 잠들어 있다.

'당장, 애 아버지한테 뭐라고 하나. 애를 잡으려고 들 텐데.'

형건이는 오후 수업을 제쳐 놓고 집으로 왔다.

"너, 수업 빼먹고 와도 괜찮니?"

"걱정 마세요, 어머니. 친구들한테 강의 노트 부탁해 놨어요. 용건이 깨면 제가 잘 이야기해 볼게요. 아버지한테두요."

역시 장남인가. 아직 군대도 갔다 오지 않은 대학 초년생

이건만 형건이는 의젓해 보인다.

　그날 밤, 온 가족이 둘러앉아 가족회의를 열었다. 남편은 사태가 너무 심각하다고 생각했는지 아니면 형건이의 얘기를 들어서인지 아이에게 손을 대지 않았다. 그러나 남편의 얼굴은 몹시 침통하고 어두웠다. 한참을 앉아서 침묵하고 있던 남편이 마침내 입을 떼었다.

　"용건아, 너 집이나 학교에 무슨 불만이라도 있느냐?"

　"……."

　"이유나 알자! 왜 그런 나쁜 애들하고 어울렸니?"

　"그냥 호기심에서요. 학교 생활도 따분하고요. 저 사실 공부하기 싫어요. 학교 관뒀으면 해요."

　"뭐라고, 이 자식이-."

　참고 있던 남편은 인내심이 바닥이 났는지 기어이 용건이의 뺨을 후려갈겼다.

　"이놈아, 네가 부모 덕에 배부르고 등 따뜻하니까 정신이 나갔구나. 학생이 공부하기 싫으면 이 세상에서 살 가치도 없어. 이 사회에서 고등학교 졸업장도 없으면 어디 가서 밥 빌어먹을 데도 없어, 이놈아. 네가 아무리 철이 없다고 해도 이렇게 미련할 수가 있냐."

　얼굴이 벌게진 용건이는 입을 꾹 다문 채 아버지를 노려봤다. 한참 뒤에 용건이는 가라앉은 음성으로 한마디 했다.

"아버지하고는 말이 안 통해요."

결국 그날의 가족회의는 험악한 분위기로 유야무야되고 말았다. 방망이를 찾는 아버지를 형건이가 말리고, 정순은 용건이를 잡아끌어 제 방으로 밀어 넣었다.

그때부터였다. 용건이의 생활은 급격하게 악화되기 시작했다. 유기정학 기간이 끝난 뒤 정순이 애원하다시피 해서 간신히 학교로 밀어 넣고 담임선생님에게 신신당부했지만 아이의 생활은 황폐해져 갔다. 결국 용건이는 자퇴 형식으로 학교를 그만둬야 했다.

용건이는 며칠에 한 번씩 아버지 없는 낮에만 집에 들어왔다. 어디서 잤는지, 무얼 했는지 말해 주지 않았지만 용건이의 몸에서는 지독한 술 냄새, 담배 냄새가 풍겼다. 정순이 아무리 울고 애원해도 아이의 귀는 꽉 막혀 버린 듯했다. 아이는 돈을 요구하기 시작했다. 정순은 아이가 돈이 없으면 어디 가서 나쁜 짓을 할까 봐 요구대로 돈을 주었다. 그러나 남편 몰래 주는 돈은 한계가 있었다.

그날도 용건이는 신발을 신더니 돌아서서 정순에게 돈을 요구했다. 정순의 가슴은 이미 숯검정이 된 지 오래다.

"용건아, 엄마가 너한테 돈을 주고 싶어도 이제는 능력이 없어. 너 정말 엄마 죽는 꼴 볼래?"

그 순간 용건이와 눈이 마주친 정순은 등골이 오싹해지는 전율을 느꼈다. 그 눈빛은 정순이 알고 있는 아들의 눈이 아니었다. 사악한 짐승의 눈빛이었다. 갑자기 용건이는 신발을 신은 채로 마루로 성큼 올라섰다. 그다음 말은 정순이 열 달 동안 품고 배앓이 해서 낳아 애지중지 키운 아들에게서 들을 것이 아니었다.

"나, 당신 지금 죽일 수도 있어. 빨리 돈 내놔."

충격으로 정신이 혼미해진 정순의 눈에 마루의 천장이 빙글빙글 돌았다. 정순이 눈을 떴을 때 온 집안은 강도가 휩쓸고 간듯 어질러져 있었다. 서랍이라는 서랍은 다 열려 있고 장롱문도 아무렇게나 열려 있었다. 눈물도 나오지 않았다. 털썩 주저앉아 넋 나간 사람처럼 한참을 있던 정순은 경대 위를 물끄러미 바라보았다. 목자가 양 한 마리를 절벽에서 끌어올리고 있는 그림이다. 그런데 힘없이 바라보는 정순의 눈에 그 그림이 확대되어 오는 것이 아닌가. 절벽에서 절규하고 있는 것은 용건이었다. 그 용건이를 목자가 건져 올리고 있는 것이다.

그 자리에서 정순은 방바닥에 이마를 대고 엎드려 기도하기 시작했다. 도대체 몇 시간이 흘렀는가.

"주님, 용건이를 건져 주셔서 감사합니다. 주님, 용건이를 건져 주셔서 감사합니다."

정순의 입에서는 애원이 아니라 감사가 흘러 나오고 있었다.

6개월 뒤, 정순은 아들 용건이의 얼굴을 볼 수 있었다.

"엄마, 나 용서 못하죠? 엄마, 나 한참 동안 용서하지 마세요. 한 일 년 동안 꼭 무엇에 홀렸던 것 같아요. 엄마, 나 여기 들어와서 예수님을 알게 되었고, 제일 먼저 엄마한테 지은 죄 용서 빌었어요. 앞으로 평생 엄마 모시고 살면서 용서 빌 거라고 약속했어요."

"용건아······."

아들 이름을 한 번 부른 정순은 다른 말을 이을 수 없었다.

용건이의 출소 일이 내일이다. 정순은 용건이의 사진에 떨어진 눈물방울을 닦아 냈다. 용건이는 소년원에서 검정고시로 고등학교 졸업장을 땄고 대학입학 자격도 따 냈다. 앞으로 헤쳐 나가야 할 바람이 만만치 않겠지만 용건이의 마음에는 이미 든든한 영혼의 닻이 내려져 있다.

"여보."

언제 퇴근해서 왔는지 남편이 정순을 부른다.

"내일 용건이한테 일찍 가야 되지? 형건이도 데리고 우리 식구 다 같이 멀리 외국에 갔다 온 아들 맞이하러 갑시다. 애들 좋아하는 것도 사 주고……."

어머니가 사랑하는 자식이 돌아오기까지 마음을 졸이고 애타게 기다리는 것처럼 하나님은 지금 이 순간에도 죄의 소욕을 좇아 떠나간 우리를 안타까운 마음으로 기다리고 계신다.

바람둥이 길들이기

영주는 캠퍼스 모든 남학생의 흠모의 대상이었다. 화려한 미모에 조금은 거만해 보이는 태도까지 매력으로 보이는지 영주가 나타나면 모든 시선이 영주에게로 집중되었다. 하지만 고개를 꼿꼿하게 세우고 다니는 영주에게는 남모르는 열등감이 있었다.

영주가 고등학교 2학년이 되던 해부터 영주의 아버지는 집을 비우는 날이 많아졌다. 그러다가 영주가 대학에 입학한 후에는 아예 집에 들어오지 않기 시작했다. 아버지가 바람이 나서 다른 여자와 살림을 차린 것이다. 그 후 아버지는 집에 연락도 끊고 생활비조차 보내 주지 않았다.

남편의 배신에 치를 떨면서도 어머니는 당장 두 딸 영주와 윤주를 데리고 살아가기 위해 생활전선에 뛰어들었다. 자본도 없고 경험도 없는 어머니가 시작한 일은 포장마차였다.

영주는 강의가 없는 날에는 어머니를 도와 포장마차 일을 거들었다.

"안녕하십니까?"

시원한 남방 차림으로 포장마차 안에 들어서는 경환을 영주의 어머니는 반갑게 맞았다.

"아유, 오늘도 오셨네요? 그런데 어쩌나, 영주는 내일이나 나올 텐데."

"괜찮습니다. 내일 다시 오면 되죠, 뭐."

말은 시원스럽게 했지만, 영주가 안 보이자 경환의 얼굴은 표 나게 섭섭한 표정이 되었다.

영주와 경환이 처음 만난 것은 한 달 전이었다. 그날은 영주가 대학생이 되어 두 번째 맞는 여름방학이 시작된 날이었다. 경환은 어머니와 광나루에서 포장마차를 하고 있던 영주를 보는 순간 첫눈에 반하였다. 그날 이후 경환은 하루도 빠짐없이 퇴근 후에는 광나루에 와서 영주와 시간을 보냈다.

경환은 집안도 좋고 꽤 부유했다. 영주는 자기보다 일곱 살이나 많은 경환이 처음에는 아저씨처럼 느껴졌다. 하지만 자기의 불우한 가정 사정을 알면서도 매일 찾아와서 사랑을 호소하는 경환에게 언제부턴가 마음이 열리기 시작했다. 영주는 무엇보다도 경환이 갖고 있는 좋은 배경에 마음이 끌렸다.

영주는 경환과 1년 이상 교제하다가 대학 3학년 가을에 학교를 자퇴하고 결혼했다. 시부모님은 영주의 친정의 허물을 문제 삼지 않고 영주를 딸처럼 아껴 주셨다. 호연이, 정연이 두 아들을 낳고 살림에 재미를 붙인 영주는 '사는 재미가 바로 이런 것이구나!' 싶었다.

결혼한 지 8년, 30대가 된 영주는 제법 주부의 틀이 잡혀 보였다. 하지만 영주는 출산을 두 번이나 했는데도 여전히 날씬하고 예뻤다. 이런 아내의 모습이 경환은 자랑스러웠다.

그러나 아내와 처음으로 대학 동창회에 참석한 날 경환의 자랑스러움은 질투 어린 두려움으로 변하였다.

"제수씨, 정말 미인이시네요. 와— 눈이 부십니다. 경환이 놈은 무슨 복에 이런 미인을 얻었나 몰라."

"어머, 고마워요. 호호……, 우리 그이는 그런 말도 할 줄 모르는데."

아내에게 지나친 관심을 보이며 너스레를 떠는 친구의 말에 경환은 욱하고 치밀어 오르는 불쾌함을 겨우 참아 내고 있었다. 그러나 친구의 말에 기뻐하며 애교스럽게 대꾸하는 아내의 말을 듣는 순간 더 이상 그 자리에 있을 수 없었다. 경환은 무조건 아내의 손목을 잡고 밖으로 나와 아내에게 화를 냈다.
"당신 그놈한테 왜 애교를 떨어? 그놈이 마음에 드나 보지?"

그날 이후 경환의 귀가 시간은 늦어지기 시작했다.

"여보, 나 오늘 오후에 출장 가게 됐어. 사흘 걸릴 거니까 옷 가방 좀 준비해 놔."
아이들 점심을 준비하던 영주는 남편의 전화를 받고 기분이 언짢아졌다.
"또? 무슨 출장이 그렇게 잦아요? 보름 전에 갔다 왔는데 또 출장이에요? 그 회사는 왜 당신만 출장 보내는지 모르겠네."
영주는 지난 석 달 동안 부쩍 많아진 남편의 출장에 마음이 쓰였다. 그도 그럴 것이 전에는 두세 달에 한 번 가던 출장을 요즘은 한 달에 두세 번씩 가기 때문이다.

영주는 속이 상했지만 묵묵히 남편의 가방을 챙겼다.

따르릉~.
다음 날 영주가 시장을 보고 들어오는데 전화벨이 날카롭게 울리고 있었다.
"여보세요. 홍 과장님 댁이죠?"
수화기 저쪽에서 젊은 아가씨의 음성이 들려왔다.
"네. 누구세요?"
"안녕하세요? 사모님. 저, 사무실 미스 신이에요."
"어머, 몰라봐서 미안해요. 그런데 웬일이에요?"
"홍 과장님께 물어볼 게 있어서 전화했는데, 좀 바꿔 주시겠어요?"
영주는 어이가 없었다.
"우리 그이는 어제 출장 갔는데요. 미스 신이 깜빡했나 보네요."
"무슨 말씀이세요? 과장님이 어제 사흘 휴가 내셨는데요? 모르고 계셨어요?"

남편이 바람났다는 것을 확인한 것은 출장에서 돌아온 날 가방을 풀면서였다. 남편의 셔츠에 여자 화장품이 묻어 있었던 것이다. 상대는 회사 지하 다방의 마담이었다. 남편의 회사 동료에게서 어렵게 이 사실을 알아낸 영주는 마담을 만나 담판을 지어야겠다고 작정했다.

영주는 아침부터 미용실에 가서 머리를 만지고 뽀얗게 화장을 한 후 평소에는 너무 화려해 보여서 입지 않던 장밋빛 정장을 차려입고 다방으로 찾아갔다. 다방에 들어선 순간 영주는 마담과 함께 앉아 있는 남편을 발견하고 화가 치솟았다.

"당신이 어떻게 여길……?"

마담과 시시덕거리고 있던 남편은 영주를 보는 순간 벌떡 일어났다. 남편은 몹시 당황했는지 어쩔 줄 몰라 했다.

남편은 그날 이후 다시 성실한 가장의 자리로 돌아왔다. 그러나 그것은 일시적인 현상으로 끝났다. 바람피웠다는 소문이 퍼져서 창피하다고 회사를 그만둔 남편은 건축 사업을 시작하더니 생활이 무질서해졌다. 걸핏하면 외박을 하고 술에 절어 귀가하는 날이 많아졌다.

어느 날 영주는 낯선 사람의 방문을 받았다.

"누구세요?"

"여기 홍 사장님 댁 맞습니까?"

"그런데요."

"홍 사장 지금 어디 있습니까? 빚을 졌으면 갚아야지, 이렇게 해 놓고 살면서 남의 돈을 거저 삼키려고 해? 나쁜 인간."

도박 빚을 받으러 온 사람이었다. 남편은 건축 사업을 벌인 후 도박에 손을 대고 업자들을 대접한다는 핑계로 이 여자 저 여자 마구 놀아나며 부모님이 물려주신 그 많던 재산을 영주 모르게 다 탕진한 것이다.

영주는 결혼 후 잊고 지냈던 열등감의 쓴 뿌리가 시퍼렇게 고개를 내미는 것을 보았다.

'이 사람은 안 그럴 줄 알았는데……, 아버지와 똑같아!'

영주는 남편과 별거하기로 했다. 아이들의 장래 때문에 차마 이혼은 못하고 남편과 각방을 쓰기로 합의를 했다.

영주는 고통을 잊으려는 방편으로 대학 때 공부했던 전공을 살려 조그만 의상실을 냈다. 의상실은 별로 신통치 않았다. 하지만 영주는 의상실에 나와 있으면 숨이 트이는 것 같았다.

어느 날 여느 때처럼 의상실에 나와 있던 영주는 출입문이 열리는 소리에 돌아보다가 깜짝 놀랐다.

"어머, 너 연숙이 아니니?"

"어머나, 영주구나! 이게 얼마 만이니? 너 결혼하고 처음이

지?"

 고등학교 때 단짝이던 연숙을 만난 반가움에 한순간 영주의 마음은 소녀 시절로 돌아갔다. 연숙이와 함께 도서실에서 밤늦도록 공부하던 일, 교정 벤치에 앉아 노을 지는 하늘을 바라보면서 서로의 감상을 나누며 미래의 꿈을 이야기하던 일, 주일마다 교회 성가대석에 나란히 앉아 예배를 드리던 일이 한 폭의 그림처럼 떠올랐다.

 "너 잘산다고 동창들 사이에 소문이 짜르르하던데?"

 연숙의 말에 영주는 현실로 돌아왔다.

 "그렇지 뭐……."

 연숙을 만난 후 영주는 아이들을 데리고 그동안 잊고 살았던 교회를 다시 찾았다. 그런 영주에게 남편은 또다시 상처를 주었다. 남편이 이번에는 영주의 의상실에서 일하는 아가씨와 바람이 난 것이다.

 "당신이 사람이에요? 어떻게 이럴 수 있어요? 아이들 보기에 부끄럽지도 않아요?"

 "시끄러워."

 쥐도 막다른 곳에 몰리면 고양이를 문다고 했던가, 변명할 여지도 없이 속사포처럼 쏘아 대는 영주에게 남편은 소리를 버럭 지르더니 닥치는 대로 물건들을 부수기 시작했다. 안방, 거실, 부엌……온 집안을 돌아다니면서 물건을 집어 던지고 급기야 영주에게 손을 대기 시작했다. 결혼 후 처음 있는 일이라 영주의 충격은 너무나 컸다.

이 일이 있은 후 영주는 목사님과 상담을 하고 작정 기도에 들어갔다. 막상 목사님의 권유를 따라 기도를 하기로 했지만, 영주는 남편에 대한 배신감과 분노로 마음이 끓어올라서 처음 며칠은 기도를 할 수 없었다. 그러나 21일 동안의 기도가 끝나는 날, 영주는 그 불행의 원인이 자신에게도 있다는 것을 깨닫게 되었다. 그러자 죽어도 용서할 수 없을 것만 같던 남편이 조금은 불쌍하게 생각되었다.

그때부터 영주는 다시 기도를 시작했다. 하루, 이틀……, 기도를 하는 동안 영주의 마음에 자리 잡고 있던 미움, 분노, 배신감, 그리고 오랜 앙금이 되어 더께가 되어 있던 열등감이 서서히 풀리기 시작했다. 영주의 기도는 달라지기 시작했다.

"여보, 내가 잘못했어요. 용서해 주세요."
영주의 갑작스런 사과에 남편은 얼떨떨했다.
"당신 왜 이래?"

"여보, 당신이 이렇게 된 건 내 탓이라는 것을 알게 되었어요. 이제부터는 진짜 좋은 아내가 될게요. 우리 다시 시작해요."

영주의 달라진 태도에 의아해하던 남편은 한 달이 지나고 두 달이 지나도 한결같이 싹싹한 아내를 보고 감동을 받았다.
"여보, 나 당신 따라서 교회에 가도 될까?"
교회에 다니기 시작한 후 남편은 변하기 시작했다. 방탕했던 과거를 회개하고 건실한 가장이 되었다. 남편의 바람기 역시 사라져 버렸다.
"여보, 나를 용서해 줘. 사실 당신이 너무 예뻐서 친구들이 당신을 볼 때마다 야릇한 눈빛을 보내는 것을 보고 견딜 수가 없었어. 그래서 많이 방황한 거야. 하지만 다시는 당신 마음 아프게 하지 않을게. 나 오늘 기도하면서 하나님께 약속했어."
자신의 손을 꼭 잡고 고백하는 남편을 보는 영주의 눈에 감사와 기쁨의 눈물이 조용히 흘러내리고 있었다.

가정의 위기와 불행은 남편이나 아내 어느 한 사람만의 책임이 아니다. '내 탓'이라는 마음으로 서로 용서하고 존중하며 겸손히 섬길 때 가정에 휘몰아치던 태풍은 사라지게 되고 평화가 깃들게 된다.

한 알의 밀알

황해도에 살았던 시댁은 드물게도 기독교 집안이었다. 독실한 크리스천이었던 시어머님을 따라 교회라는 곳을 난생처음 다니게 되었다. 기도하고 찬송을 부르는 것이 쉬이 몸에 익지는 않았지만 그곳에 가면 왠지 모를 평안함이 느껴지곤 했다.

그러던 어느 날 난리와 소문 속에 6·25전쟁이 일어났다. 하루도 끊이지 않는 포화 속에 시어머니는 남편을 불러 무언가를 말씀하신다.

"젊은 남정네들은 모두 다 군에 끌려가니 잠시 인민군을

피해 내려가자우. 간단한 짐과 노잣돈만 챙기라."

"예. 오마니, 언제 떠나실 건디요?"

"오늘 안으로 가자우. 서두르라."

남편은 필요한 옷가지와 이불을 조심스레 챙기기 시작하였다. 어린아이 둘을 데리고 남들 눈을 피해 밤이 되면 떠나기로 하였다. 그런데 시어머니는 갑자기 외아들인 남편만 떠나보내고 그곳에 홀로 남으셨다.

"얘들아, 내래 아무래도 안 되겠어. 교회를 지켜야디. 내 니들 안전히 갈 수 이케 기도하고 있을 거이니 날래 가라."

그 후론 다시 시어머니의 소식을 접하지 못했다. 그러나 매일매일 그분의 기도를 느끼며 살아간다.

열심히 일하다 보니 피난 생활 20년 만에 동대문에 열 개가 넘는 점포를 운영하게 되었다. 물질도 넉넉하고 아이들에게 해 주고 싶은 것은 뭐든지 다 해 줄 수 있었다. 그런데 그만 바쁜 생활로 인해 교회를 아예 등지고 살아가게 되었다. 하루는 남편이 상점과 관련된 서류를 모두 모아 갔다.

"왜요? 장부를 어카려고요?"

"응. 뭐이 좀 할 게 있어서리……."

장부 정리를 하는 줄로만 알았는데, 남편은 지역개발상권에 투자를 하였다. 그러나 얼마 지나지 않아 정부의 투자 계획 철회로 담보로 설정한 열 개가 넘는 점포를 모두 잃었다.

낙심도 잠깐, 다시 재기하기 위해 브라질 이민 길에 올랐다. 가진 밑천을 모두 쏟아 부어 또다시 상점을 운영해 나가기 시작했다. 그러던 어느 날 다소 지쳐 보이는 한 한국인 부부를 만났다.

"안녕하디요. 여기에 어케 오셨나요?"

"예. 저는 목사입니다. 교회를 개척하고 요즘 노방 전도 중이지요."

이렇게 시작된 인연으로 그들을 돕기 시작하다 결국 우리 여섯 식구는 교회에 나가게 되었고, 거기서 성령 세례를 받게 되었다.

이때 문득 늘 서대문 고가 아래 사람들로 북적이던 교회가 떠올랐다. 새벽녘인데도 늘 사람들로 발 디딜 틈이 보이지 않았다. '그때 누군가 나를 전도해 주었었더라면……'

그 길로 혼자 서울로 돌아와 큰아들 내외와 큰딸 내외를 전도하기 시작했다. 큰아들은 어릴 적 교회에 다닌 기억에 금세 따랐지만 큰사위는 쉽게 따라 주지 않았다. 그래서 주일마다 큰딸 집에 머물며 사위를 재촉하였다.

"나 좀 교회에 데려다 주라우?"

"예. 어머님."

어른 공경에 각별했던 큰사위도 결국 교회에 나가게 되었다. 드디어 큰아들과 큰딸 내외도 주님의 품으로 인도받은 것이다. 그로부터 20여 년이 흐른 지금, 슬하의 자녀 내외와 손주 그리고 손주 며느리와 증손주까지 모두 교회에 다닌다.

'이처럼 많은 열매를 맺게 해 주신 하나님 감사합니다.'

지금껏 살아온 삶 속에서 가장 행복했던 순간을 떠올리자면 20여 년을 등지고 살아오다 다시금 주님을 만난 때다. 물론 그 공백기에 대한 아쉬움도 늘 있었는데 오늘 이 모든 것을 떨쳐 낼 수 있게 되었다.

"엄마, 둘째가 신학대학원에 들어가."

큰딸이 벅찬 마음에 전화로 소식을 전했다.

온 가족이 주님의 품으로 돌아온 지 20년 만에 손주가 자라 신학의 길로 들어선 것이다.

또 한 번 기나긴 삶 속에서 가장 소중한 한 사람을 떠올린다. 반세기 전 황해도에 홀로 남으셨던 시어머니. 그분의 마지막 한마디가 귀에 아른거린다.

"애들아, 내래 아무래도 안 되겠어. 교회를 지켜야디."

그분의 기도와 믿음이 우리 가족 모두를 주님의 품으로 인도하는 한 알의 밀 알이 되었으리라.

"한 알의 밀이 땅에 떨어져 죽지 아니하면 한 알 그대로 있고 죽으면 많은 열매를 맺느니라" (요 12:24).

비우고 채우기

"임신할 수 없습니다. 자궁이 임신에 적합지 않아요. 기대하시지 않는 것이 좋을 것 같습니다."

청천벽력 같은 의사의 말이었다.

'그동안 얼마나 기다려 왔는데. 그동안 얼마나 기도해 왔는데.'

같이 앉아 있던 남편은 자신도 충격을 받았을 게 뻔한데도 애써 은희를 위로했다.

"여보, 지금같이 우리 둘이 행복하게 삽시다. 아이 없으면 어때. 이렇게 우린 건강하잖소. 그것에 감사하며 삽시다."

은희는 눈물을 간신히 참았다. 가슴을 애써 진정시켰건만 집에 도착하는 순간 은희는 복받치는 울음을 참을 수 없었다.

그날 이후 은희는 임신한 여자가 지나가는 것만 보아도 자신이 너무나 초라하게 느껴졌다. 은희도 허리에 손을 얹고 걸어 보고 싶었다. 맛있는 것 사 달라고 한밤중에 남편을 깨워 투정도 부리고 싶었다. 유아용품 가게에서 이것저것 골라 보며 행복한 상상에 빠져 보고도 싶었다. 그러나 이제 그건 은희와는 거리가 먼 것들이었다.

입덧으로 병원을 찾은 것만도 벌써 몇 번인가. 그때마다 은희는 하나님이 자신에게 기적을 베풀어 주신 거라고 굳게 믿었다. 그러나 검사 결과는 늘 상상 임신으로 판명이 났다. 이제 은희에게 소망은 없다. 유모차를 탄 아이가 벙긋거리는 것만 봐도 그 자리에 주저앉고 싶을 만큼 은희에게 세상은 절망이었다

아이에 대한 소망이 꺼진 후 은희는 남편에게 입양을 제안했다. 남편도 은희의 말에 동의했다. 새로운 희망을 가지고 여기저기 기관을 알아보던 어느 날, 건실하게만 보이던 남편의 사업이 난데없이 부도를 맞았다. 정신을 차리고 보니 남편은

이미 2년 형을 선고받은 후였다. 입양은 생각할 수도 없었다. 은희는 감옥에 있는 남편 뒷바라지에 온 힘을 쏟아 부었다. 그러는 동안 아이에 대한 소망은 점차 희미해졌고, 남편의 출소 후 그들은 같이 살 수 있다는 사실만으로도 감사했다.

'그래, 남편과 이렇게 건강하게 같이 살 수 있는 것이 얼마나 큰 행복인가. 그동안 이것에 대해선 하나님께 감사를 드리지 않았구나. 하나님, 감사합니다. 저희 부부는 그저 하나님 은혜로 하루하루 살아가요. 앞으론 원망하지 않고 감사하며 살겠습니다.'

은희의 얼굴은 날이 갈수록 더 밝아졌다. 이웃 사람들이 애 못 낳는 여자라고 손가락질을 해도, 시어머니가 교회 다니는 것 다 소용 없는 짓 아니냐고 면박을 줘도 은희는 괜찮았다. 그저 하루하루 하나님의 품안에서 사는 게 행복했으니까.

남편이 출소한 지 1년쯤 지났을까. 은희는 몸에 이상을 느꼈다. 상상 임신 때 느꼈던 것과 똑같은 메스꺼움, 특정한 음식이 먹고 싶은 것, 생리일이 벌써 꽤 지났는데도 아직 시작하지 않는 것 등. 하지만 은희는 쓴웃음을 지으며 고개를 저었다.

'벌써 몇 번을 속았는데 또 그럴라구.'

이런 은희를 눈여겨본 남편은 한번 속는 셈 치고 병원에 다녀오라고 권했다. 은희는 남편에게 살짝 눈을 흘겼지만 의외로 남편은 진지했다. 은희는 그러마 하고 약속을 했다.

"서은희 씨, 들어오세요."
차례가 되어 들어간 은희는 검사를 마친 후 의사 앞에 앉았다.
"축하합니다. 임신입니다."
"예?"
은희는 자신의 귀를 의심했다. 임신이라고?
"뭐라구요?"
"임신입니다. 벌써 4개월이나 되었는데 모르셨어요?"
"예? 4개월이요? 오, 하나님! 선생님, 감사합니다. 정말 감사합니다."
은희는 의사 선생님의 손을 덥석 잡으며 인사를 했다. 코가 땅에 닿게 거푸 인사를 하고 병원을 나서던 은희는 다시 불안함을 느꼈다.
'혹시 아니면 어쩌지?'

은희는 주변의 산부인과를 두 군데나 더 다닌 후 의사들로

부터 같은 대답을 듣고 안심을 했다. 구름 위를 걷듯 들뜬 마음으로 집에 돌아와 보니 남편이 애타게 기다리고 있었다. 애초에 기대도 안했지만 혹시 이번에도 상상 임신이어서 낙심한 건 아닌지, 비관해서 길거리를 헤매고 다니고 있는 것은 아닌지, 온갖 걱정에 사로잡혀 있었던 것이다. 은희는 남편을 지나 그대로 방으로 들어가 버렸다. 남편은 허둥지둥 은희를 뒤따라 들어왔다.

"여보, 여보, 왜 그래? 괜찮아. 난 괜찮아. 우리 잘 살아왔잖아. 난 정말 괜찮아."

"여보, 임신이래요."

"그래, 난 괜찮아……뭐? 당신 지금 뭐라고 했어? 임신? 임신이라고 했어?"

"예, 4개월째래요."

온갖 어려움을 딛고 태어난 하석이가 올해 벌써 열 살이다. 그동안 남편은 열심히 돈을 모아서 작은 가게를 하나 차렸다. 남○○○교를 신봉했던 어머니도 교회에 출석하게 되었다. 은희는 가방을 둘러메고 간식을 우물거리며 학원으로 향하는 하석이의 뒷모습을 보면서 다시 하나님께 감사기도를 드렸다.

'저희가 있는 그대로의 상황에 감사할 때 우리의 기도에 응답하신 하나님, 제가 혹시라도 지금 쥐고 있는 것이 있다면 하나님 앞에서 내려놓게 하시고 주님이 주시는 것으로 채움 받아 감사하며 살게 하옵소서.'

헌금봉투

해가 뉘엿뉘엿 넘어갈 때 대문 없는 집 돌담 아래로 아장아장 걸어 들어오면 "오매!" 하고 부르며 "오야, 내 새끼야, 어데 갔다 왔는가?", 자식 목소리에 반가워 어쩔 줄 모르며 부엌에서 밥 짓다 말고 달려 나와 눈물 콧물 닦아 주시며 정성스럽게 밥상을 차려 주시던 어머니의 머리에 이젠 하얀 눈이 내렸다. 주름이 가득한 얼굴이지만 퇴근하고 돌아오면 반겨 주시는 그 모습이 정답다. 45년 동안 3남매를 위해 고생하신 어머니의 백발과 주름 가득한 얼굴은 45년을 헌신한 어머니의 훈장이다.

몸도 가누기 힘드신 어머니는 주일예배나 기도원에 가실 때에 항상 자식들 수만큼 감사헌금봉투를 준비하여 자식들이 준 용돈을 정성스럽게 새 지폐로 바꾸어서 넣고 기도 제목을 가득가득 적어 가지고 가신다. 그것은 기도 제목이라기보다는 일종의 긴 편지이다. 그래서 어느 날 내가 물어보았다.

"왜 헌금봉투마다 그렇게 글을 적으세요?"

그랬더니 어머니는 "너희가 3남매니께 봉투가 세 개고, 집 집마다 기도 제목이 틀리니께 일일이 예수님께 편지를 써야 하는 것이여." 라고 말씀하신다.

"어머니, 예수님은 그렇게 적지 않으셔도 아세요." 하는 나의 말에 어머니는 버럭 역정을 내시며 "무슨 소릴 한다냐, 겁나게 많은 사람들이 기도하니께 자세하게 편지를 보내야 예수님께서 기억하시고 응답해 주시는 것이여."라고 말씀하신다.

아마 어머니는 자기의 편지에 예수님이 응답하신다는 확신을 가지고 계신 것 같았다. 너무나 투박한 어머니의 믿음을 이해할 수 없었다. 특히 기도원에 가는 날은 새벽같이 일어나서 잘 움직이지 않는 손으로 헌금봉투 앞뒷면이 꽉 찰 때까지 쓰고 계신 어머니를 보면서 이런 어머니의 믿음을 나는 이해할 수 없다고 생각한 적이 한두 번이 아니다.

헌금봉투

그러던 어느 날 출근하는 나에게 어머니는 "나 기도원 갈란다. 헌금 내놔라!"고 말씀하셨다. 내가 드린 돈을 가지고 어머니는 또 3개의 헌금봉투에 나누어 넣으시고 정성스럽게 봉투마다 글씨를 적어 나가기 시작하셨다. 오늘은 몸이 많이 피곤하신지 늦잠을 주무신 모양이다. 기도원 버스가 올 시간이 다 되었는데 끝까지 한 글자 한 글자 정성스레 쓰시는 어머니의 모습을 보며 나는 퉁명스럽게 말했다.

"어머니, 기도원 버스 떠나요. 이제 그만 쓰시고 기도원 다녀오세요." 그러나 어머니는 아랑곳하지 않고 계속 쓰고 계신다. 나는 그만 화가 나서 다녀오겠다는 인사도 하지 않고 출근해 버렸다.

그날 어머니는 기도원 버스를 놓쳐서 시외버스를 타고 기도원에 다녀오셔야 했다. 그 후로 노환 때문에 몇 년 동안 병원에 누워 계신다.

요즘 나는 우리 3남매가 어머니의 편지 덕분에 별 탈 없이 잘살았고 신앙 또한 나날이 좋아지고 있다는 확신이 생긴다. 몇 년 전 그날 아침, 어머니를 대했던 나의 태도에 마음이 아프다. 어머니는 몇 년째 병원에 입원해 계셔서 예수님께 편지를 못 보내는 것을 안타까워하신다.

내가 병실에 찾아갈 때마다 어머니는 늘 말씀하신다.

"뭐든지 할 수 있을 때 열심히 해 부러라. 먹는 것도 이가 튼튼할 때 잘 먹고, 입는 것도 예쁠 때 많이 입어 보고, 다리 아프지 않을 때 여행도 많이 하고, 기도원도 열심히 가서 예수님께 편지도 많이 쓰고, 없이 사는 사람 많이 도와주고……."

매일 유언처럼 하시는 이런 말씀을 들을 때마다 나의 가슴은 아프다 못해 아린다. 요즘 나는 병실을 나서면 떨어지지 않는 발걸음을 기도원으로 돌릴 때가 많다. 기도원에 가서 제일 처음 하는 일은 헌금봉투에 편지 쓰는 일이다. 어머니처럼 봉투 3개에 각각 헌금을 넣고 헌금봉투에 쓰여진 기도 제목을 읽어주시는 목사님이 민망해하실 정도로 긴 편지를 쓰고 예쁜 그림도 그려서 예수님이 잘 기억하실수 있도록 꾸민다.

"사랑하는 예수님, 당신이 사랑하는 우리 육신의 어머니는 이제 천국 가실 날이 얼마 남지 않았습니다. 지금은 병원에 계시지만 어머니께서 우리 3남매에게 주시는 메시지를 깨달으려고 노력합니다. 제가 어머니 대신 편지를 쓰겠습니다. 어머니가 우리에게 보여 주신 순수한 믿음을 이어받아 주님만 의지하며 살겠습니다. 우리 3남매를 용서하시고 어머니의 연약한 기도를 받아 주시옵소서. 추운 겨울 감기 걸리지 않게 하옵시고, 하루빨리 병석에서 일어나 다시 예수님께 편지를 쓸 수 있도록 건강을 회복하여 주옵소서……."

하나님은 어린아이와 같은 순수한 믿음을 기뻐하신다.

황금빛 가을 추수

아직도 차가운 바깥 기온. 재잘거리는 아이들 열기로 예배실 창에는 김이 서려 있다. 이제 막 초등학교에 입학한다는 기대와 설레임으로 아이들은 마치 어른이나 된 듯 한껏 폼을 잡는다. 그러나 혼자서 화장실 가기를 망설이며 주변의 어른들을 향해 도움의 손길을 내미는 어린 눈망울들. 그 안에 유독 당차 보이는 검은 눈동자의 아이 하나가 눈에 띈다. 보람이.

보람이는 어머니의 손을 잡고 예배실로 들어와 담임선생님을 한껏 안아 주려는 양 두 팔을 벌려 보지만 결국 그 품에 안기고 만다. 유난히 잘 안기는 보람이는 선생님에게 매달려

또랑또랑한 목소리로 자신의 일주일을 이야기하면서 즐거워한다.

"나 어젯밤에 또 엄마랑 PC방에 갔었어. 아빠 찾으러!"

"그래? 아빠가 그곳에서 일하시는구나."

"아니. 아빠 일 안 해. 오락하러 가."

"나 이메일 주소 있어. 아빠가 만들어 줬어. 선생님 이메일 주소는 뭐야?"

무심결에 내뱉는 보람이의 말 속에서 보람이의 가족들 모습이 그려지기 시작했고 그 안에서 당차질 수밖에 없었던 보람이를 발견할 수 있었다.

여느 때처럼 보람이 어머니는 예배가 끝난 후 보람이를 데리러 오셨다. 그런데 인사를 하고 나서도 예배실을 떠나지 못하고 주춤거리셨다.

"어머님 무슨 하실 말씀이라도 있으세요?"

"저……," 한참 머뭇거리다가 간신히 입을 여신다.

"보람이 아버지가 IMF로 운영하던 가게를 정리하게 되어서 몇 달 전부터 집에서 놀고 있어요. 빚만 아니었어도……그래서 제가 공장을 나가며 가계를 꾸리는데, 요즘은 좀 벅찹니다. 보람이도 이제 초등학교에 다니니 학비와 학원비도 필요하고 또 많은 시간을 같이 있어 줘야 하는데 그러질 못해 마음 한 구석이 늘 아프네요. 그래서 선생님께 부탁드릴 것이 있는데…… 저희 남편의 취직을 위해 기도해 주셨으면 좋겠습니다."

보람이 어머니는 미안한지 나직이 조아리며 고개를 들지 못한다.

"그야 당연하죠. 꼭 잊지 않고 하겠습니다. 조만간 저희 반 학생들 가정심방이 있거든요 그때 한번 찾아뵙겠습니다."

"선생님, 우리 집 오는 거야? 언제 오는 거야? 올 때 꼭 전화해!"

선생님이 자기 집에 온다는 말에 들뜬 보람이와 남편의 취직을 위해 함께 중보기도를 해 주겠다는 선생님의 대답에 고마운 보람이 어머니는 함지박만 한 미소를 얼굴에 머금으며 예배실 문을 나섰다.

빼곡히 들어선 다세대 빌라 앞에서 선생님은 보람이네 집 호수를 재차 확인하고 지하 입구로 향했다. 그런데 바로 그때 반지하의 한 집에서 젊은 사내가 황급히 문을 열고 나오다 선생님의 어깨를 스치고 지나갔다.

"선생님!"

방금 열렸던 그 문에서 보람이가 뛰어나오며 선생님에게

안겼다. 보람이 어머니도 문 밖으로 나와 다소곳이 인사를 하시며 선생님을 집 안으로 이끄셨다. 그중 보일러를 켜 둔 방 아랫목에 방석을 미리 깔아 두어 선생님이 따듯한 바닥에 앉을 수 있게 하셨다. 짧은 기도와 성경 말씀을 나눈 후 어머니는 가슴속에 담아 두었던 사연을 하나 둘 꺼내기 시작하셨다.

보람이는 선생님이 자기 집에 오시자 마음에 들떠 자신의 학용품과 인형들을 방 안 가득 늘어놓고 열심히 자랑 중이다. 이런 보람이에게 어른들의 대화는 안중에 있을 리 없다.

"아이 아빠가 다시 일을 할 수 있게 됐으면 좋겠어요. 매일매일 나가서 일하는 직장이요. 원래 착실하고 부지런한 사람이었는데……."

무언가를 더 말하려다 어머니는 입을 다물더니 한참만에 어렵게 말을 이었다.

"요즘은 더 견디기가 힘든지……그래도 술 담배는 안 해요. 그저 밤만 되면 잠이 안 오는지 PC방에 가서 오락을 한답니다."

방 한가운데 걸려 있는 결혼식 사진에 선생님의 시선이 멈추었다. 선생님은 조금 전 황급히 걸어 나왔던 사내가 떠올랐다.

보람이 어머니도 선생님의 시선을 읽은 듯 발그스름해진 얼굴로 수줍게 말씀하였다.

"보람이 아빠가 저보다 세 살이 어려요. 또 워낙 동안(童顔)이라서……그냥 저 사람 얼굴만 보고 결혼했습니다."

부끄러운 듯 이야기하던 보람이 어머니는 어느 샌가 입가에 미소를 머금으며 결혼식 사진 속의 남편을 바라보고 있다.

아직 서른이 채 되지 않은 젊은 아빠는 자신보다 두 살이나 어린 딸아이의 선생님에게 자신의 처지를 보인다는 것이 못내 부담스러워 황급히 집을 나섰던 것이다.

보람이 어머니는 남편 대신 가계를 이끄느라 고단한 가운데도 남편에 대한 원망이나 불평하는 기색이 없었다. 그저 하루빨리 남편이 가장으로서 사랑하는 딸 앞에 당당히 서기만을 기도할 뿐이었다.

5월 5일 어린이날.

모든 아이들이 부모님과 함께 행복한 시간을 보내는 날이다. 선생님은 불현듯 보람이가 떠올랐다. 보람이에게 전화를 걸어 '오늘 하루 신나게 놀자!' 라고 하고 싶지만, 섣부른 행동에 보람이 부모님이 혹여 상처를 받게 되지나 않을까 싶어 망설였다. 그러나 망설임도 잠깐, 어느 새 선생님의 손가락은 전화 다이얼을 눌렀다.

"여보세요, 보람이네 집이지요?"

"네, 그런데요."

"저는 보람이 주일학교 담임선생님입니다. 오늘이 어린이날이라서 그런지 아이들 생각이 나서 전화했어요."

옆에서 보람이의 목소리가 들려온다.

"선생님, 왜 전화했쪄?"

"음, 보람이 목소리 듣고 싶어서. 그런데 보람이는 오늘 뭐 해?"

"아무것도 안 해. 아빠가 오늘 저녁에 일하러 가야 된다 그래서 집에 있어."

"그럼 보람이 오늘 선생님이랑 놀까?"

"응!"

그러더니 곧이어 보람이의 터질 듯한 함성이 울려 나온다.

"엄마~, 선생님이 오늘 나랑 놀구 싶대."

보람이 어머니와 전화 통화를 한 후 선생님은 이내 보람이네 집으로 향했다. 늦은 점심에 만난 둘은 백화점으로 향했다.

"나 백화점에 꼭 와 보고 싶었는데." 하며 보람이는 입을 다물지 못한 채 신나서 뛰어다녔다. 그리곤 여느 아이들처럼 학용품 코너에서 발길을 떼지 못했다. 그런 보람이를 보며 선생님은 학용품 하나를 사 주었다. 한 손엔 선물, 또 한 손엔 선생님의 손을 꼬옥 잡은 보람이는 부자가 된 것 같았다.

선생님은 어린이날 이벤트를 제공하는 패밀리 레스토랑에 갔다. 종업원 언니가 만들어 준 강아지 모양의 풍선과 선생님이 사 준 크레파스에 보람이는 배고픈 것도 잊고 마냥 즐겁다.

어느새 땅거미가 지기 시작했다. 집 앞에는 보람이 어머니가 선생님과 보람이를 마중 나와 계셨다.

"선생님 너무나 감사합니다. 감사합니다……."

어머님은 감사하다는 말을 되풀이하셨다. 그리고는 어렵게 입을 여셨다.

"사실은 아이 아빠가 사업을 잘못해서 빚을 진 게 아니라……, 저희 엄마가 하시던 일이 잘못되어서 빚을 지게 되었어요. 빚 독촉에 시달리는 장모님의 모습을 보다 못해 제 남편이 너무나도 아꼈던 자신의 옷 가게를 정리해 그 빚을 대신 갚아 주었습니다. 그래서 이런 날이면 더 남편의 얼굴을 볼 수가 없어요."

보람이 어머님은 더 이상 말을 잊지 못하고 울먹였다.

기나긴 장마가 끝나고 어느덧 밝은 햇살이 온 땅을 덮고 있다. 추수감사절 예배를 드리고 난 후 귀가 길 아이들 손엔 백설

기가 한 덩어리씩 쥐어졌다. 부모님을 기다리던 아이들 입에는 하얀 백설기가 가득하다.

　보람이를 데리러 허겁지겁 뛰어오신 보람이 어머니는 가쁜 숨을 고르며, 기쁜 소식을 알린다.

　"선생님, 좋은 일이 생겼어요. 저희가 이민을 가게 되었어요. 얼마 전 호주에 사시는 보람이 아빠의 외삼촌께서 서울에 오셨다가 저희 사정을 딱하게 보시고 일자리를 구해 주셨어요. 보람이 아빠가 태권도 유단자인데 마침 호주에 한 태권도장 자리가 나서 그곳으로 가게 되었어요. 하나님께 너무나 감사드려요."

　보람이 어머니의 환한 얼굴에 기쁨이 생수와 같이 넘쳐나고 있었다.

재회

"어머, 너무 멋지다! 어쩜 이렇게 깜찍하고 예쁘니?"

반 아이들이 선영이 자리에서 뭔가를 보며 수선을 피우고 있었다.

"어제저녁에 쇼핑 갔다가 아빠가 사 주셨어."

빨간색 소형 카세트 라디오로 하루아침에 반 아이들의 선망의 대상이 된 선영이의 목소리가 한 옥타브 높게 들렸다. 하지만 순미는 아이들 틈에 끼지 못하고 자기 자리에서 책상을 정리하는 체하며 흘끔흘끔 선영이의 빨간 카세트 라디오를 훔쳐보았다.

시골에서 중학교를 마치고 도시의 고등학교로 유학 온 순미에게는 모든 것이 생소하기만 했다. 집을 떠나 혼자 자취하는 것도 처음인데다 도시 생활은 시골과는 너무나 달랐다. 순미는 도시 아이들에 비해 자신이 너무나 초라한 것 같아 주눅이 들었다. 반 아이들의 시선도 자신을 촌뜨기라고 멸시하는 것만 같았다. 그러다 보니 반 아이들과도 잘 어울리지 못하고 외톨이가 되었다.

"순미야, 너 이 노래 한번 들어 볼래?"
종례가 끝나 가방을 챙기던 순미는 자신의 이름을 부르는 소리에 놀라서 고개를 들었다. 선영이가 햇빛처럼 투명한 미소를 머금고 있었다.
"이거 내가 아주 좋아하는 노래인데 너도 한번 들어 봐."
얼굴이 빨개진 채 아무 말도 못하는 순미에게 선영이는 이어폰을 건넸다.
"어때?"
"으-응, 좋아."
그날 이후 선영이는 순미의 유일한 친구가 되었다. 처음 선영이가 다가왔을 때에는 어색해 했지만 얼마 지나지 않아 순미는 선영이에게 마음을 열게 되었다.

토요일 하교시간, 순미는 마음이 바빴다. 일주일 동안 밀린 빨래를 하고 청소를 하고 부식 거리를 사 와야 했기 때문이다.
　　"아야!"
　　순미는 오후에 할 일들을 생각하며 교실 문을 나서다가 누군가와 부딪쳤다.
　　"어머나, 많이 아프니?"
　　걱정스러워하는 선영이의 얼굴이 눈에 들어왔다.
　　"다행이다. 하마터면 너하고 엇갈릴 뻔했네. 자, 이것 받아."
　　"이게 뭐야?"
　　얼떨결에 연분홍빛 봉투를 받으며 묻는 순미에게 선영이는 배시시 웃으며 말했다.
　　"초대장이야. 내일 우리 교회 고등부 행사가 있거든."
　　"내가 가도 돼?"
　　교회에 다니지 않는 순미로서는 교회 행사에 간다는 것이 왠지 어색하게 느껴졌다.
　　"그럼. 꼭 와. 기다리고 있을게."

　　이튿날 저녁 순미는 설레는 마음으로 평소보다 더 신경을 써서 교복을 다려 입고 교회에 갔다. 낯선 분위기에 쉽게 동화되지 못하는 순미의 소극적인 성격을 알았는지 선영이는 순미의 팔짱을 끼고 다니면서 소개를 시켜 주었다. 목사님, 전도사님, 교회학교 선생님, 스무 명도 넘는 또래 학생들……, 순미는 이렇게 많은 사람들을 한꺼번에 소개받는 것은 생전 처음 있는 일이라 긴장이 되었다. 하지만 사람들로부터 환영의 인사를 받으면서 마음이 편해졌다. 찬양, 율동, 성극, 성경퀴즈 등 다양하게 준비된 행사는 아주 재미있었다.

그 후 순미는 주일이 되면 선영이와 함께 교회에 갔다. 함께 예배드리고 성경공부하고 봉사활동을 하면서 순미와 선영이는 콩깍지 속의 콩이 되어 3년 동안 늘 붙어 다녔다. 무엇보다도 선영이를 통해 느끼게 된 주님의 사랑이 있었기에 순미는 3년간의 자취 생활이 그다지 외롭지 않았다.

"선영아, 축하해."

졸업식 날, 순미는 서울에 있는 대학으로 진학하게 된 선영이를 축하해 주고 시골집으로 돌아갔다. 가정 형편 때문에 대학 진학을 포기한 순미는 내심 선영이가 부러웠다. 하지만 졸업과 동시에 취직이 된 것을 위안으로 삼고 사회생활에 적응하기 위해 노력하였다.

직장 생활에 길들여지면서 순미의 발길은 교회에서 멀어지고 선영이와의 연락도 뜸해졌다.

4년의 세월이 지나 스물넷이 된 해에 순미는 5월의 신부가 되었다. 웨딩드레스를 가봉하고 돌아오던 순미는 우편함에 비죽이 나와 있는 봉투를 발견하고 꺼내 들었다. '반송(返送)'. 선영이의 서울 주소로 보냈던 청첩장이 되돌아와 있었다.

결혼식 날. 곱게 단장한 순미는 신부 대기실에 찾아온 친구들의 축하를 받으며 웃고 있었지만 선영이의 빈자리가 쓸쓸하게 느껴지는 것은 어쩔 수 없었다.

이듬해 겨울 순미는 첫아이의 백일잔치를 벌였다. 일가 친척, 친구, 직장 동료들로 집 안이 꽉 차서 발 디딜 틈이 없었다. 하지만 순미의 마음은 허전했다. 결혼식 날 느꼈던 선영이의 빈자리가 오늘도 마음을 휑하게 하고 있었다.

"여보, 누가 찾아왔는데."
남편이 부르는 소리에, 산더미같이 쌓인 그릇들을 설거지하던 순미는 물이 뚝뚝 떨어지는 고무장갑을 낀 채 현관으로 나갔다. 어두운 마당에 누군가가 서 있었다. 선영이었다.

"순미야, 축하해."

투명한 미소로 축하해 주는 선영이를 맞는 순간 휑했던 순미의 마음은 훈훈한 기운으로 채워졌다.

"이게 몇 년 만이니? 춥지? 얼른 들어와."

순미는 반가운 마음에 예전처럼 스스럼없이 선영이의 팔짱을 끼고 거실로 들어오다가 깜짝 놀라 걸음을 멈추었다.

"선영아, 너 왜 이렇게 말랐어?"

"으응~, 위가 안 좋아서."

선영이는 담담하게 말했지만, 순미는 그 말이 예사롭게 들리지 않았다.

순미가 다시 선영이의 연락을 받은 것은 봄에서 여름으로 넘어가는 계절의 길목에서였다. "순미야, 나야. 선영이. 보고 싶어서 전화했어. 여기 병원인데 와 줄 수 있니?"

순미는 선영이의 힘없는 목소리를 듣는 순간 불길한 생각이 들었다.

병상에 누워 있는 선영이는 뼈만 앙상한 모습으로 링거 주사를 맞고 있었다.

"나 위암이래."

선영이는 아무렇지 않은 듯이 말했지만, 그 말은 예리한

비수가 되어 순미의 가슴을 찔렀다.

"난 그래도 참 감사해. 주님께 간다고 생각하면 죽는 게 하나도 무섭지 않아. 그리고 이제야 고백하는데, 순미 네게 얼마나 고마운지 몰라. 너 기억하니? 내가 처음 네게 다가갔던 날 말이야. 그때부터였을 거야. 너는 내 마음에 고향처럼 푸근한 친구가 되었어. 너를 생각할 때마다 마음이 따뜻해졌어. 너와 연락이 안되던 때에도……."

순미의 눈에는 죽음을 선고받은 사람답지 않게 평화로워 보이는 선영이가 기이하게 보였다.

단풍이 곱게 물든 가을에 선영이는 다시는 돌아올 수 없는 곳으로 떠났다. 선영이의 장례식장에서 순미는 오랜만에 교회 식구들과 재회하였다. 교회 식구들을 보는 순간 순미는 그동안 잊고 지냈던 주님의 사랑이 생각나 가슴이 뭉클했다.

"이 세상 작별한 성도들- 하늘에 올라가 만날 때- 인간의 괴롬이 끝나고- 이별의 눈물이 없겠네- 며칠 후- 며칠 후- 요단 강 건너가 만나리……."

나지막이 부르는 찬송가를 들으며 순미는 속으로 뇌었다.

'선영아, 고마워! 내게 주님의 사랑을 알게 해 주어서. 나를 처음 교회로 인도한 것도, 주님을 만나게 한 것도 너야. 이

제 너는 떠났지만 나는 너를 잊지 못할 거야.'

그 후 순미는 다시 교회에 나가기 시작했다. 언제까지나 퇴색할 것 같지 않은 투명한 미소를 띤 한 소녀의 영상을 가슴에 간직한 채.

만남에는 이별이 전제되어 있다. 좋은 만남도 나쁜 만남도, 짧은 만남도 오랜 만남도 다 끝이 있다. 하지만 하나님과의 만남은 영원하다.

거짓되고 헛된 것

　나는 고적한 산골에서 살았습니다. 우리 마을엔 다섯 세대 정도밖에 없었습니다. 대낮에도 여우가 집 주변에서 울었고 밤이면 으레 부엉이가 지붕 위에서 울었습니다. 그리고 집 주위에는 공동묘지가 있어 나는 늘 애곡하는 소리를 들으며 자랐습니다.
　나는 어릴 때 자연에 대해 두려움을 가지고 있었습니다. 산에는 산신이 있고 큰 나무에는 목신이 있고 부엌에는 부엌신이 있고 장독에는 장독신이 있는 것으로 알았습니다. 그래서 소학교 다닐 때는 사나운 짐승에게 물려가지 않기 위해 그 많은 신들에게 수없이 절을 했습니다. 그러나 나이가 들고 과학 지식을 얻게 됨에 따라 내게 공포의 대상이 되었던 그 모든 것들이 모두 거짓되고 헛되다는 것이었다는 것을 알았습니다. 그 후부터는 나무를 보아도 겁나지 않았고 장독대에 가서도 겁나지 않았습니다.
　그 후 나는 또 다른 거짓되고 헛된 것에 몸서리친 때가 있었습니다. 그것은 가난과 질병과 공포와 절망과 열등의식과 정죄의식과 좌절감이었습니다. 나는 이런 것들 앞에서 두려워 떨었습니다. 그러나 내가 예수 그리스도를 구주로 믿고 난 다음 예수님께서 죄와 가난과 질병과 공포와 절망을 십자가에서 속량하셨다는 것을 깨달았을 때 나는 이런 것들에게서 자유함을 얻었습니다. 나는 예수 그리스도 안에서 이런 것들이 얼마나 거짓되고 헛된 것인가를 알았습니다.
　우리는 이 세상을 살면서 거짓되고 헛된 것에 눌려 살 것이 아니라 십자가의 위대한 은총을 체험해야 합니다.

첫눈 내리는 날의
동화

첫눈 내리는 날의 동화

"훈아, 이 봉투 잃어버리면 안 된다. 오늘 저녁에 집주인이 온다고 했으니까 이번 달 치 집세라고 하고 꼭 전해 드려라."

훈이는 자신의 손에 봉투를 쥐어 주는 어머니의 꺼칠하게 튼 손을 보고 슬펐지만 짐짓 명랑한 투로 대답하였다.

"알았어요, 엄마."

이제 겨우 일곱 살 난 훈이를 혼자 두고 집을 나서는 어머니는 발걸음이 무거웠다.

지난 가을까지만 해도 훈이네 집은 남부럽지 않게 살았었다. 그런데 훈이 아빠의 사업 실패로 하루아침에 생활이 어렵게 되었다. 당장 살 길이 막연해진 훈이네가 봉천동 산꼭대기에 허름한 단칸방을 얻어 이사한 것은 한 달쯤 전의 일이다.

이삿짐을 풀어서 정리할 틈도 없이 훈이의 부모님은 일자리를 구하러 다니기 시작했다. 다행히도 훈이의 부모님은 며칠 되지 않아 일자리를 얻을 수 있었다. 아버지는 공장에서 아침부터 밤까지 일을 하게 되었고, 어머니는 남의 집에 가서 파출부 일을 하게 된 것이다.

처음 이곳으로 이사를 왔을 때 훈이는 속상하고 불만스러운 것이 한두 가지가 아니었다. 훈이는 아침마다 신사복을 멋지게 차려입고 자가용을 몰고 나가던 아버지가 거친 작업복 차림으로 출근하는 것이 싫었다. 게다가 늘 함께 있던 어머니마저 푸석푸석한 얼굴로 아침이면 나가서 밤에야 돌아오자 급기야 훈이의 불만은 안전핀이 빠진 폭탄처럼 터지고 말았다.

"아빠, 나는 여기서 살기 싫어요. 우리 집으로 가요, 네? 엄마도 맨날 나가고, 밥도 맨날 혼자 먹고, 장난감도 없고……심심해 죽겠어요."

훈이의 시위에 아버지는 착잡한 표정이 되어 방을 나갔고, 어머니는 당황한 얼굴로 훈이를 타일렀다.

"훈아, 아빠한테 그러면 못써. 우리 훈이는 착하니까 참을 수 있지? 훈아, 조금만 더 참으면 다시 좋은 집으로 이사 가서 매일 훈이랑 같이 있을게."

훈이는 아직 친구가 없다. 이사온 지 얼마 되지 않은 탓도 있지만 낯을 가리는 성격 때문이기도 했다. 외톨이 훈이의 유일한 벗은 해피뿐이다. 해피는 훈이 혼자 집을 지키는 것이 마음 아파서 어머니가 며칠 전에 이웃집에서 얻어다 준 강아지이다. 요 며칠 새 훈이는 집에서 해피와 놀면서 어머니가 돌아오기를 기다리는 데 익숙해졌다.

훈이는 어머니에게서 받은 봉투를 반으로 접었다 폈다 하면서 놀다가 깜빡 잠이 들었다. 얼마나 잤을까, 부스스 잠이 깬 훈이는 방문을 열고 나오다가 환호성을 질렀다.
"야! 눈이다, 눈!"
훈이의 고함에, 부엌 아궁이 옆에서 자고 있던 해피도 뛰어나와 꼬리를 흔들었다.
그러지 않아도 매일 집에만 있어 심심하던 차에 푸짐하게 내리는 첫눈은 참으로 반가운 친구였다.
'참! 봉투.'

훈이는 집세가 들어 있는 봉투를 반으로 접어 호주머니에 넣고 재빨리 운동화에 발을 꿰었다. 급히 뛰어나가는 훈이를 따라 해피도 쫄랑쫄랑 뛰어갔다.

솜사탕을 닮은 함박눈이 금세 산동네를 덮었다. 지붕에 눈을 쓰고 있는 판잣집들은 크리스마스 카드에서 튀어나온 것같이 멋지게 보였다. 공중 변소 지붕에도, 쓰레기통 위에도 하얀 눈이 소담스럽게 덮여 있었다. 지저분한 것들이 모두 하얀 솜이불에 덮여 가려져 있었다.

"이야, 신난다!"
훈이는 눈을 뭉치기 시작했다.
"이건 아빠, 이건 엄마, 이건 나, 그리고 이건 해피!"
훈이는 대문 밖에 눈사람 네 개를 만들어 세운 후, 동네 공터로 뛰어가 군데군데 눈 무더기를 만들었다.
"얏!"
훈이는 눈 위를 구르며 TV에서 본 적이 있는 프로레슬링 선수처럼 눈 무더기를 향해 당수를 날리고 이단 옆차기를 했다. 해피도 덩달아 신이 나는지 이리 뛰고 저리 뛰며 훈이를 따라다녔다.

볼과 손이 빨갛게 얼어 얼얼하고 옷이 눈에 다 젖도록 신나게 놀다가 문득 날이 저물고 있다는 것을 느낀 훈이는 어머니의 말씀이 생각났다.

그런데 호주머니에 손을 넣은 순간 훈이는 몹시 당황했다.

'어! 어디 갔지? 분명히 여기에 잘 넣었는데……'

훈이는 정신없이 이 주머니, 저 주머니 다 뒤져 보았다. 그러나 봉투는 감쪽같이 사라지고 없었다.

훈이는 발을 동동 굴렀다.

'어디에 떨어져 있을지도 몰라!'

훈이는 눈에 불을 켜고 길을 살피며 집까지 갔다.

그러나 봉투는 보이지 않았다.

심장이 쿵쿵 뛰기 시작했다.

'어떡하지? 엄마가 잘 가지고 있으라고 했는데……'

쇳덩어리를 매단 것처럼 천근만근 무거운 발길을 돌려 다시 길가 구석구석까지 샅샅이 살피며 공터로 가 보았지만, 봉투는 어디로 갔는지 꼭꼭 숨어 있었다.

어느새 하늘은 까만 망토를 뒤집어쓴 듯 깜깜해졌지만 훈이는 차마 집으로 들어갈 수가 없었다. 어린 마음에도 그 봉투가 얼마나 소중한 것인지 알기 때문이었다.

훈이는 힘이 빠져서 눈밭에 쪼그리고 앉았다. 해피는 배가 고픈지 낑낑거리면서도 훈이 곁을 지키고 있었다.

차가운 칼바람에 온몸이 꽁꽁 얼어 파랗게 질렸다. 하지만 훈이는 덜덜 떨면서도 추운 것을 못 느꼈다. 그저 봉투를 찾아야 한다는 생각만이 훈이의 마음을 차지하고 있었다.

자신도 모르게 훌쩍거리고 있던 훈이는 한순간 주일학교 선생님의 말씀이 생각났다.

"예수님은 참 좋으신 분이란다. 너희들이 기도를 하면 무엇이든지 들어주셔."

훈이는 선생님의 말씀을 기억하고 얼른 그 자리에서 무릎을 꿇고 앉아 두 손 모아 기도하기 시작했다.

"예수님, 우리 선생님이 예수님은 우리가 기도하면 뭐든지 들어준다고 했는데, 정말 들어주셔야 해요. 예수님, 돈 봉투를 찾게 해 주세요. 꼭이요. 그러면 교회도 빼먹지 않고 잘 다니고 엄마 아빠 말씀도 잘 듣는 착한 어린이가 될게요……."

눈물 범벅이 되어 기도를 하던 훈이는 멀리서 어머니가 부르는 소리를 듣고 흠칫 놀랐다. 훈이는 집 쪽으로 걸어가며 길을 살펴보았다. 그러나 여전히 봉투는 보이지 않았다.

'치-, 거짓말이잖아!'

그때.
저 앞에 뭔가가 눈에 확대되어 들어왔다. 그토록 찾던 봉투였다. 하얀 눈밭 사이로 삐죽 고개를 내밀고 있는 하얀 봉투는 꼭꼭 숨어 있다가 술래의 등 뒤로 살그머니 나타나 혀를 날름거리는 개구쟁이 같았다.
봉투를 주워 들고 집으로 달려가면서 훈이는 함박웃음을 짓고 외쳤다.
"예수님, 감사합니다. 예수님 최고!"

주님을 찾는 사람은 그 마음에 소복이 내리는 하얀 눈꽃을 볼 수 있다. 주님이 찾아오시면 첫눈 같은 순백의 기쁨이 넘친다.

동행

쌀쌀하던 바람이 이젠 매서워졌다. 창문이 없는 베란다로 들어오는 바람에 집은 한순간 겨울 벌판이 되었다. 아이들은 콧물을 매달고 다녔고, 윗집 사람들도 춥다고 하루에도 몇 번씩 내려와 민영에게 속상함을 털어놓고 갔다. 가스 설치가 아직 안 되어서 일회용 버너로 밥을 해 먹은 지도 벌써 3개월이 지났는데 해결해 준다던 집주인은 감감무소식이다.

남편이 서울로 발령을 받아 민영의 식구는 대전에서 서울로 이사를 왔다. 집을 급하게 구하던 차에 다행히 서울에 사시는 외삼촌의 도움으로 완공을 한 달 정도 앞둔 아파트에 전세로 들어오게 된 것이다. 차를 타고 서울로 오는 길은 낯설었다. 한 번도 고향을 떠나 본 적이 없는 민영에게 서울은 복잡하고 두렵고 탁한 곳이었다. 그러나 어둑해진 저녁에 빨간 십자가가 여기저기 불을 밝히는 것을 보며 마음을 놓았다.

'이렇게 교회가 많다니, 서울은 참 축복받은 곳이구나.'

그러나 막상 이사 올 아파트를 둘러보니 외삼촌의 말과는 달리 아직 공사가 많이 남은 상태였다. 바닥도 시멘트 바닥 그대로였고, 가스도 들어오지 않았으며, 준공검사가 나지 않았다는 이유로 베란다 문도 달지 못하고 있었다. 난감했다. 그러나 민영은 늘 함께하시는 하나님을 의지했다.

"나의 하나님이 그리스도 예수 안에서 영광 가운데 그 풍성한 대로 너희 모든 쓸 것을 채우시리라"(빌 4:19).

민영은 이 말씀을 적어 찬장과 벽에 붙여 놓고 암송하며 불안을 달랬다.

서울로 이사 온 후 민영의 가정은 조금씩 흔들리기 시작했다. 남편의 회사는 사정이 어려워져 월급을 때맞춰 주지 못했고, 조금만 기다려 달라는 집주인의 말은 계속 지켜지지 않았다. 그러던 어느 날, 드디어 일이 벌어졌다. 아파트가 경매에

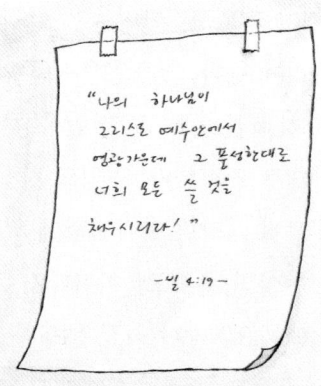

넘어가게 된 것이다. 분양주가 아파트를 담보로 은행에서 돈을 대출했다가 원금과 이자를 다 갚지 못하는 바람에 경매 처분이 내려진 것이다. 세입자들은 난리를 쳤고, 그런 와중에도 경매는 진행이 되었다. 그런데 낙찰자가 나타나지 않았다. 이러다가 전셋돈을 한 푼도 못 받는 일이 생기는 건 아닌지, 민영에겐 하루하루가 가시방석이었다. 직장상사와의 불화로 남편은 다시 지방으로 전출이 되었고, 아이들은 감기에 콧물을 훌쩍여 민영의 마음을 아리게 했다. 집주인은 집주인대로 자신도 억울하다며 민영에게 하소연을 하고, 남편은 주말마다 집에 와서 불편한 심기를 그대로 드러냈다. 민영도 자신의 처지를 하소연하고 싶었지만 매달릴 데라곤 하나님밖에 없었다.

"하나님, 저 좀 살려 주세요. 이러다가 저희 식구 다 길거리에 나앉으면 어떡해요? 남편 직장 문제와 저희 집 문제를 해결해 주세요. 도와주세요."

한참을 기도하던 민영은 자신의 마음속에서부터 따뜻하게 차오르는 온기를 느꼈다. 그 온기는 점점 퍼져 온몸을 포근히 감싸 주었다. 그때 민영의 마음속에 주님의 음성이 들렸다.

"나는 너를 돕는 자니라."

민영은 이제 문제가 해결되었음을 확신했다. 눈에 보이는 것 없고, 귀에 들리는 것 없고, 손에 잡히는 것 없어도 하나님이 된다고 하시면 이제는 안심이다. 그다음부터 민영은 환경을 보지 않았다. 역사하시는 하나님의 손길을 기다렸다.

아파트는 민영과 같은 교회에 다니시는 장로님에게 낙찰이 되었다. 민영을 포함한 세입자들은 자신들의 전셋돈을 다 받아 다른 곳으로 이사를 가게 되었다. 남편도 회사에서의 문제가 해결되어 다시 서울로 발령을 받아 온 가족이 함께 살 수 있게 되었다. 새로 이사 간 집에서 짐을 풀고 정리를 한 후 민영은 자신과 동행하여 여기까지 인도해 주신 하나님께 감사했다.

"내가 여호와를 항상 내 앞에 모심이여 그가 내 우편에 계시므로 내가 요동치 아니하리로다"(시 16:8).

회색

카사블랑카의 실내는 언제나 우울한 밤이다. 천장에서부터 테이블 위로 가느다랗게 늘어뜨려진 조명은 한지를 뒤집어 쓴지라 희미하다. 스피커에서는 팝송이 흘러 나오고 있다. '사랑에 빠진 여인처럼…… 나는 꿈을 꾼다…….' 대충 이런 가사를 읊조리는 여가수의 음성은 애절하고 로맨틱하다.

"진희야, 너 요즘 너무 여위는 것 같다. 어디서 봤는데 사람이 암에 걸리면 자꾸 마른다고 하더라."

수인의 이 말에 영선과 선지는 반사적으로 진희를 바라본다. 진희는 영선과 선지의 얼굴에서 같은 말을 읽는다.

"너 혹시 영우 형이랑 문제 생겼냐?"

영선이 참지 못하고 진희에게 묻지만 시원한 대답은 나오지 않는다.

버스 뒤편에 앉아 심하게 흔들리면서도 진희는 아무런 저항을 하지 않고 있다. 바깥으로 시선을 둔 그녀의 얼굴은 도무지 표정이없다.

6개월 전 대학 새내기의 순진하고 흥분된 모습은 진희에게서 이미 자취를 감췄다. 동아리 친구들은 지금의 진희를 낯설어한다.

진희의 일상은 사막이 되어 가고 있었다. 사막의 불볕이 모래 평원을 넓혀 가듯 진희의 마음은 권태와 무력감에 서서히 침식되어 가고 있었다. 단단하게 굳어져 버린 겉껍질 속에 꼭 갇혀 버린 나비 유충처럼 진희의 삶은 가사 상태였다.

"영우 형, 형은 도대체 왜 사는데? 자기가 누군지 알아? 이 세상은 살 가치가 있는 거야? 누구한테 물어봐도, 아무리 뚫어지게 책을 봐도 모르겠어."

아무 말 없이 소주잔을 연거푸 비우던 진희가 시비를 걸 듯 영우에게 말을 쏟아 냈다.

"……."

"나 말이야. 요즘은 색 구분이 안 돼. 사람들 얼굴도 그렇고, 하늘도 물도 다 회색이다. 다 똑같애. 어제 내가 무슨 꿈을 꾼지 알아? 바퀴벌레야. 이제 난 꿈을 꿀 수가 없어."

"진희야. 사는 게 다 그런 거야. 우리가 다 인간인 바에야 별다를 게 뭐 있겠냐? 어려운 사람들이 너 이런 모습 보면 화낸다. 생존이 절박하면 삶을 고민할 여유조차 없어."

영우는 슬그머니 진희 앞에 있는 소주병을 집어 땅에 내려놓았다.

"그래 알아. 그래서 더 미치겠어. 내 삶을 내 마음대로 할 수 없잖아. 지금 우리 아버지 실직 상태야. 그래서 엄마하고 아버지 매일 싸운다. 그런데 나는 내가 누군지 정신을 못 차리겠고, 뭘 하고 싶지도 않아. 살고 싶지가 않은데 무엇을 하고 싶겠어?"

"나 말이야. 내가 그래도 숨 쉬고 살아갈 수 있는 이유가 뭔지 알아? 형이 있기 때문이야."

"진희야!"

영우의 음성이 심상치 않다. 진희는 직감적으로 느꼈다.

"니 다음 달에 군대 간다. 하지만 너를 어떻게 해야 할지……, 지금은 내가 네 옆에 있어 줘야 하는데……."
"……."

영우가 입대한 후 진희는 절박하게 영우를 의지했다. 영우가 있다면 그래도 살 수 있을 것 같았다. 영우는 진희에게 있어 유일한 삶의 동기였다.
해를 넘기고, 또 넘겼다. 영우는 제대를 한 달 남겨 놓고 있었다. 여전히 진희의 삶은 회색이었다.

어느 여름날, 어머니의 사촌 여동생이 진희네 집을 방문했다. 그녀의 남편은 목사였다. 어머니와 한참 이야기하다가 이모는 갑자기 생각난 듯이 진희에게 물었다.
"진희야. 너 교회 안 나간다면서?"
진희는 아무 말도 하지 않았다. 하고 싶지 않았다. 진희의 표정을 읽은 것인가? 이모는 조용하게 말했다.
"진희야, 하나님 믿는 백성이 하나님 떠나면 큰 환난당한다. 너 요즘 괜찮니?"
속에서 치밀어 오르는 화를 누르며 진희는 쌀쌀하게 대답했다.

"아뇨. 왜요?"

자신의 방으로 돌아온 진희는 누르고 있던 화를 쏟아 냈다.
"내가 고통에 빠지기를 바란다는 거야 뭐야? 그렇다면 충분해. 더 이상 어떻게 고통스러울 수 있겠어? 하긴, 이렇게 살기 싫은데 영우 형까지 잃는다면 내게 가장 큰 환난이겠지."

며칠 뒤, 진희는 편지 한 통을 받았다.
'진희야, 글로 쓰는 것이 나을 것 같구나……아무래도 우리 여기서 멈추는 것이 서로에게 좋을 것 같다…….'
진희는 자신이의 생명을 유지시켜 주던 유일한 산소 마스크가 벗겨지는 것을 느꼈다. 그러나 그순간 진희는 자신의 모순된 감정을 확연히 깨닫게 되었다. 늘상 살기 싫다고 했던 자신이 사실은 너무나 살고 싶어한다는 것을.

한 달 뒤, 진희는 교회로 향하였다. 교회를 떠난 지 3년 반만이었다. 정면으로 시야에 들어오는 십자가를 보는 순간 진희는 솟구치는 눈물을 억제할 수 없었다.

눈부신 햇살이 거실 창문을 통해 쏟아져 들어오고 있었다. 예레미야서 2장을 읽다가 진희는 수년간 그토록 자신을 조이던 고통의 실체를 알게 되었다.

'그랬구나. 내가 그분을 떠난 것, 바로 그것이었어. 해답이 이렇게 가까이 있었는데 나는 수년 동안 무얼 한 것인가.'

진희는 오랜 기간 갇혀 있던 캄캄한 터널에서 빠져 나와 밝은 햇살을 흠뻑 맞는 것 같다. 이제 자신의 모습이 보인다. 아직 어느 길로 가야 할지는 모르지만 눈앞이 환하다.

인간의 가장 큰 고통은 하나님으로부터의 단절이다. 진정한 안식은 하나님 안에 있을 때 비로소 얻게 된다.

또 하나의 교회

 미선의 가정은 네 식구로 남부럽지 않은 윤택한 삶을 살아왔다. 그러나 2년 전 봄, 갑작스런 남편의 사망으로 인해 하루아침에 가정에 어두운 그림자가 드리워지기 시작하였다. 이럴수록 미선은 기도의 끈을 놓지 않았다.

 남편의 퇴직금 문제가 해결되지 않아 40일 작정 새벽기도를 드리던 중, 남편의 회사로부터 연락이 왔다. 업무상 과로사가 인정되어 퇴직금이 지급된다는 것이다. 예상보다 많은 액수였다. 때맞추어 보험회사에서도 연락이 왔다. 남편의 보험금 지급 문제로 신분 확인이 필요하니 영업점으로 나와 달라는 것이었다. 아무래도 남편이 미선조차 알지 못하게 들어 두었던 보험이 있었던 모양이다.

미선은 이내 하나님께 감사의 고백을 하였다.

'구한 것 이상으로 주신 하나님 너무나 감사합니다. 두 아이의 학자금과 결혼 자금도 이젠 걱정이 없습니다.'

그리고는 전부터 성전 마련을 위해 기도하고 있던 교회를 찾아가 감사한 마음으로 정성껏 헌금을 드렸다.

푸르른 나무 사이로 매미들 소리가 요란한 오후 헌당 감사 예배를 마치고 나오는 미선의 안색이 왠지 석연찮다. 미선은 마침 뒤따라 나오신 이웃집 권사님에게 다가가서 주저하며 입을 떼었다.

"저, 기도 요청할 일이 생겼어요."

한참을 뜸 들이다가 미선은 울먹이며 말을 꺼낸다.

"얼마 전 재테크를 해야겠다는 생각에 조급히 부동산 투자에 손을 댔는데……."

"그런데?"

"그게 사기를 당했어요. 이중계약이 되어서 판매 수익은커녕 제 소유권조차 인정받지 못하게 되었어요. 아무래도 제가 과부라고 중개인들이 얕잡아 봤나 봐요."

"얼마나 투자를 했는데?"

"가지고 있는 예금을 다 쏟아 부었어요. 금방 팔릴거라고 해서……, 지금 가지고 있는 돈은 생활비로도 빠듯해요. 소유권을 찾으려면 소송까지 해야 한다는데 걱정이 태산입니다."

"……."

남들 입방아에 오르내릴까 봐 기도 부탁도 제대로 하지 못한 미선은 혼자서 100일 작정 기도를 드리기 시작했다. 1년 전 남편의 퇴직금 문제가 잘 해결되었던 터라 이번에 불어 닥친 시련도 능히 이겨 내리라는 희망을 가졌다. 그러나 앞마당의 푸르른 녹음이 다하고 낙엽이 수북히 쌓이도록 아무런 해결점을 찾지 못했다.

교환학생 과정까지 준비해 가며 열심히 공부를 하던 큰아들 동원이가 2학기가 끝나기 무섭게 서둘러 휴학 신청을 했다.

"갑자기 왜 휴학을 했니?"

"엄마, 저 잠깐 머리 좀 식혀야겠어요. 2년 4개월이면 충분할 것 같아요."

"뭐, 2년 4개월?"

미선은 얼마 전 다급히 친구와 통화했던 내용을 동원이가 들은 것 같아 내심 미안한 눈치다. 동원이의 등록금도 걱정되는 데다가 고3 수험생인 딸 지혜가 대학에 합격되면 당장 입학금과 등록금이 필요할 것 같아서 급한 마음에 친구에게 부탁을 했던 것이다. 그런데 이 모습을 보고 동원이가 조금이나마 도움이 되고자 군 입대를 서두른 것이다.

그러나 화(禍)가 연합하여 복(福)이 된다고 하지 않았던가!
이 일이 계기가 되어 미선의 세 식구는 한자리에 모여 가정예배를 드리게 되었다. 세 사람의 마음의 텃밭에 믿음이 심기어져 서로가 서로를 보듬어 줄 수 있는 시간을 갖게 된 것이다.
그리고 가정예배를 드리기 시작한 지 얼마 지나지 않아 재판 승소 판결로 소유권을 인정받게 되었다.

이제야 주 안에서 참된 평안을 누리게 된 미선은 잊고 지냈던 지난 일들을 떠올린다.
남편의 퇴직금으로 정성껏 드린 성전건축헌금.
이것이 지금 자신의 가정을 지키는 밑거름이 되었으리라.

미선의 발걸음은 오늘도 교회로 향한다.

하나님의 교회를 위해 수고와 헌신을 아끼지 않으면, 하나님은 또 하나의 작은 교회인 우리의 가정을 눈동자같이 지키시고 보호해 주신다.

하나님의 사람

아내와 나는 집으로 돌아오는 차 안에서 서로 말없이 앉아만 있었다. 방금 전 만난 집사님의 얘기를 듣고는 아무 말도 할 수가 없었다. 그저 우리 자신을 돌아보는 수밖에…….

아내와 나는 일주일 내지 보름에 한 번씩 병원에 들러 환자들을 전도한다. 그날도 어김없이 병실마다 다니며 이런저런 얘기도 들어주고, 그간의 차도도 알아보며 환자들과 이야기를 나누고 있었다. 그때 새로 온 듯한 한 환자가 눈에 띄었는데, 그는 한쪽 다리를 절단한 채 휠체어를 타고 있었다.
아내와 나는 서로 눈짓을 주고받은 후에 그에게 다가갔다.

환자용 명찰에 적혀 있는 그의 이름은 손민수였다
"안녕하세요."
"예, 안녕하세요."
"저희는 ○○교회에서 나온 사람들입니다. 이 병원에서 예수님을 전하고 있죠."
"아, 예."
"어떻게 된 일인지 모르겠지만 기운 내세요. 이럴 때일수록 힘을 내셔야 합니다. 저희가 자주 들르니까 다음에 오면 또 말씀 나누도록 하죠. 그럼 다음에 뵙겠습니다."
안면을 익힌 후 아내와 난 인사를 하고 병원을 나왔다.

일주일 후에 들렀을 때 그 새로 온 환자는 여전히 휠체어를 탄 채 병원 복도를 다니고 있었다. 우리는 다가가 반갑게 인사를 했다. 그는 얼굴에 잔잔한 미소를 머금고 있었다. '몸이 저렇게 되었는데도 표정이 참 밝구나!' 생각하며 난 그에게 복음을 전하기 시작했다. 예수님은 우리를 위해 이 세상에 오셨고, 우리를 위해 십자가에 못 박히셨으며, 죽은 지 사흘 만에 부활하셨다고. 그런데 그는 전도를 받는 내내 잔잔한 미소만 짓고 있었다.
'아차, 내 얘기만 했구나. 그러고 보니 이 사람 얘기는 한

하나님의 사람

마디도 묻지 않았잖아. 내가 너무 조급했는걸.'

"어이쿠, 이거 제 얘기만 했네요. 저, 혹시 교회 다니세요?"

"예."

"아, 그러셨군요. 그런데 다리는 어쩌다가 그렇게 되셨습니까?"

예의 그 미소를 지은 채 조금씩 꺼내 놓는 그의 사정은 참으로 아름다운 것이었다.

하루는 그가 일을 마치고 집에 가는 길에 딸아이 또래의 여자 아이가 차도에 서 있는 것을 보았다. 그런데 멋모르고 서 있는 그 아이를 향해 큰 트럭이 돌진하는 것이 아닌가. 그 광경을 본 순간, 민수는 자신의 몸을 날려 그 여자 아이를 구해 주고는 정신을 잃었다.

병원에서 정신을 차리고 보니 자신의 한쪽 다리가 절단되어 없었다. 그는 잘려진 다리를 보면서 자신의 처지를 원망하고 절망했었다. 자신에게 무슨 잘못이 그렇게 많다고 이런 시련을 주시나 싶어서 한동안 죽고만 싶었다. 예배를 드려도 마음이 진정되지 않았다. 그러나 시간이 흐르면서 그는 자신이 구한 아이를 생각하기 시작했다. 건강하게 살아갈 그 어린 생명을 생각하며 그의 마음은 조금씩 안정을 찾아 갔다. 불구가 된 그를 묵묵히 지켜 주던 아내도 마침내 그가 마음의 안정을 찾자 그의 손을 꼭 잡으며 위로해 주었다.

"여보, 당신이 아니었으면 그 아이는 죽었거나, 살아도 당신보다 훨씬 더 심한 불구자가 되었을 거예요. 난 당신이 좌절감에 빠지지 않기를 얼마나 기도했는지 몰라요. 당신이 정말 자랑스러워요."

얼굴에 미소를 머금은 채 담담히 이야기하는 그의 얼굴은 천사와 같아 보였다. 하나님의 사랑 안에서 살아가는 그 부부의 모습이 얼마나 아름답던지 우리는 아무 말도 할 수가 없었다.

"사람이 친구를 위하여 자기 목숨을 버리면 이에서 더 큰 사랑이 없나니 너희가 나의 명대로 행하면 곧 나의 친구라" (요 15:13,14).

고난의 파도를 넘어 새 희망의 포구로

"강 부장님, 이렇게 갑자기 떠나시게 되니까 뭐라고 드릴 말씀이 없습니다. 저희들이 자리 한번 만들어서 연락 드리겠습니다."

"괜찮아, 조 과장. 나 때문에 일부러 그럴 필요 없네. 자, 그럼 일 보게나."

조 과장의 배웅을 받으며 20여 년간 다니던 회사를 떠나는 태환의 마음은 깎아지른 듯한 벼랑에서 추락하고 있었다. '영업부장 강태환', 자신의 이름이 퇴출자 명단에 낀 것을 알게 되었을 때의 충격이 좀처럼 사그라지지 않았다.

'어떻게 이런 일이……, 내가 왜?'

태환은 회사 문을 나서면서도 현재의 상황을 받아들일 수 없었다.

대기업체의 간부 사원인 태환은 조만간 회사 내에 대대적인 구조 조정이 있을 것이라는 사실을 알고 있었다. 하지만 지난 20여 년 동안 성실하게 일한 자신이 퇴출당한다는 것은 전혀 예상치 못한 일이었다.

태환은 주위 사람들의 시선을 견딜 수가 없었다. 사람들의 시선이 느껴질 때마다 '무능한 퇴출자'라고 비웃는 것만 같았다.

"야 임마, 그렇게 주눅 들지 마. 요즘 퇴출당한 인간이 어디 너 하나냐? 우리 회사도 불안해. 나도 언제 네 신세 될지 모른다고. 자, 기분도 그런데 술이나 마시자."

답답한 마음에 친구들을 만났지만, 친구들은 기껏 술이나 사면서 오히려 엄살을 부렸다. 태환의 마음은 무인도에 홀로 고립된 조난자의 심정과 같았다.

태환은 일주일간 여행을 하면서 마음을 정리하고 진로를 계획하였다. 다행히도 퇴직금이 꽤 되어서 소규모 납품 사업을 시작할 수 있었다. 난생 처음 사업을 시작하게 된 태환은 사무실을 얻고 거래처들을 물색하느라고 동분서주했다. 한 군데, 두 군데 거래처가 늘어가자 동업자를 구하여 사업을 조금 더 확장하였다.

하지만 경제 침체로 인한 경기 불황이 장기화되면서 태환의 사업도 위태위태해졌다. 수금은 되지 않는데 물품 대금 독촉이 빗발친 것이다. 죽도록 뛰었건만 태환의 회사는 3년 만에 문을 닫고 말았다.

무일푼이 된 태환은 살 길이 막막했다. 나이 50줄에 얻을 수 있는 일자리는 거의 없었다. 기껏해야 건물 주차 관리원이나 아파트 관리원 자리 정도가 있을 뿐이었다. 그나마 명퇴자들이 계속 쏟아져 나오는 바람에 월급 70만 원짜리 관리원 자리를 얻는 것조차 하늘의 별 따기였다.

태환은 허구한 날 각종 일간지들을 섭렵하며 집에서 빈둥거렸다. 그러나 백수 노릇도 힘들었다. 아내는 부업을 하고 아이들도 아르바이트를 하여 대학 등록금을 보태고 있는데 자신은 가장의 책임을 다하지 못하고 있다는 죄책감 때문에 한시도 마음이 편하지 못했다. 자신이 상처를 받을까 봐 다른 집에서 주문받은 김치를 밤에 몰래 담그는 아내의 기척이 느껴질 때마다 태환은 미안하고 고통스러워서 견딜 수 없었다.

태환의 백수 생활은 도무지 끝이 보이지 않았다. 지난여름에 회사 문을 닫은 후 세밑이 되도록 반년 가까이 세월만 허송했다.

'언제까지 이렇게 살아야 하는가?'

답답한 마음이 좀 풀릴까 하여 아침부터 시내버스 여행을 하던 태환은 차창 너머로 보이는 구세군 냄비를 본 순간 마음에 각오를 다졌다.

'그래, 기도원에 가서 죽기살기로 기도해 보자!'

이튿날 태환은 새벽 첫차를 타고 기도원으로 갔다. 이마에 쨍하고 부딪쳐 오는 겨울 바람이 상쾌했다. 태환은 청량한 아침 공기를 힘껏 들이마시고 기도실에 들어갔다.

"주님……."

주님을 부르고 나자 말문이 막혀 버렸다. 뭔가 기도하기는 해야겠는데 아무 말도 나오지 않는 것이었다. 5분, 10분……, 기도를 하려고 몸부림쳤지만 태환은 도무지 기도가 되지 않았다. 지난 세월 동안 겪은 일들에 대한 기억과 이런저런 온갖 생각들로 마음이 어지럽기만 했다.

추위 때문인가, 태환은 자신도 모르는 사이에 꾸벅꾸벅 졸다가 문득 정신이 들었다. 그때였다. 갑자기 기도하고 싶은 열망이 태환을 휩싸기 시작했다.

　태환이 기도실에서 나오니 어느새 어스름한 저녁이었다. 눈물과 땀으로 범벅이 된 그의 얼굴에는 환한 빛이 감돌고 있었다.

　기도원에서 내려온 지 사흘째 되는 날 아침이었다.
　"여보, 전화받아 보세요. 권 사장님이세요."
　"야, 태환이냐? 나다."
　창고 사업을 하는 선배였다. 권 선배는 회사를 퇴직한 후 친구와 동업으로 창고 사업을 시작했다가 지금은 서울과 부산에 사무실을 가지고 있는 성공한 사업가였다.
　"너 오늘 점심에 시간 좀 내라. 너하고 의논할 일이 있거든."

　권 선배의 회사 근처 한식집에 마주앉아 식사를 하던 태환은 갑작스런 선배의 말에 수저를 놓았다.
　"너 나하고 같이 일해 보지 않을래? 너도 알다시피 내가 하는 일이 좀 거칠고 힘드냐? 이번에 인천에 사무실을 하나 더 내게 되었는데, 어디 믿고 맡길 만한 사람이 있어야 말이지. 그런데 엊그제 갑자기 네 생각이 나지 뭐냐? 너 정도의 경력이면

거래선도 뚫기 쉬울 것 같고. 어때? 사장 자리 줄 테니까 한번 맡아서 해 볼래?"

다음 날 태환은 새벽 기도회에 참석한 후 선배가 보내 준 승용차에 몸을 실었다. 새로운 일터로 향하는 그의 마음은 희망찬 포부로 부풀어 오르고 있었다.

인생은 작은 조각배를 타고 바다를 건너는 고달픈 여로이다. 인생의 항해에는 거센 폭풍우가 몰아치고 거친 풍랑이 일며 태산 같은 파도가 덮쳐 오기도 한다. 이때 인생의 조각배의 키를 주님께 맡겨 드리는 것이 믿음이다. 선장 되신 주님께서는 험난한 고난의 파도를 넘어 새 희망의 포구로 우리를 인도해 주신다.

집으로

"아빠가 왜 이렇게 늦지? 엄마, 혹시 아빠가 약속을 잊은 건 아닐까?"

현지는 뭐가 그리 급한지 시계를 수도 없이 들여다보며 성화를 댄다. 명지와 재민이도 말은 하지 않지만 기다리는 데 지친 표정이다.

"아직 여덟 시도 안 됐는데, 왜 그렇게 조급해하니? 갑자기 급한 일이 생길 수도 있잖아. 조금만 더 기다려 보자."

엄마의 말에 현지가 삐죽거리는 순간 거실의 전화기가 울렸다.

"아빠? 아- 죄송합니다. ……네, 엄마 바꿔 드릴게요."

용수철 튕기듯이 수화기를 낚아챘던 현지가 맥 빠진 얼굴로 수화기를 건넨다.
"네, 전화 바꿨습니다. 네? 어떻게 그런 일이……."
수화기를 떨어뜨린 엄마의 얼굴이 백지장이다.

"여보, 정신 좀 차리세요."
"아빠, 아빠……."
급하게 야간작업 지시를 하며 현장을 돌다가 발을 헛디뎌 추락했다고 했지만 응급실에 누워 있는 유 소장의 얼굴은 험한 사고를 당한 사람 같지 않게 평온하게만 보였다. 하지만 유 소장은 도무지 의식이 돌아오지 않았다.
사고 소식이 전해지자 목사님이 오셔서 기도와 격려를 해 주셨다. 병문안 오는 구역 식구들의 발걸음도 끊이지 않았다. 잠시도 병상을 떠나지 않고 간구하는 가족들의 기도는 그 어느 때보다도 절절했다. 그러나 이 모든 기도와 염원을 뒤로 한 채 유 소장은 끝내 숨을 거두었다.

세월이 약이라고 했던가! 산 사람은 살아야 한다는 생존법칙 때문인가! 가장을 떠나보낸 가족들은 시간이 지남에 따라 조금씩 원래의 생활로 돌아갔다. 그러나 현지만은 그럴 수가 없었다. 한창 예민한 나이라서 그런지, 현지는 삶의 방향을 잃은 미아가 되어 방황하기 시작했다.

하루는 이런 현지에게 언니 명지가 한마디 했다.

"현지야, 너 언제까지 이럴 거야? 네가 이런다고 아빠가 살아날 것도 아닌데, 이제 그만 할 때도 됐잖아. 입시가 코앞에 닥쳤는데 어쩌려고 그러니? 정신 좀 차려."

"흥, 다 필요 없어. 그런 걱정 해 주는 거 하나도 고맙지 않아. 그런 말 들으면 귀찮기만 하니까 더 이상 참견 말고 언니나 잘해."

현지의 대꾸는 냉랭하다 못해 표독스럽기까지 했다. 그런 현지의 마음에는 아빠가 돌아가신 지 두 달도 못 되었는데 벌써 마음을 정리하는 가족들에 대한 배신감과 그토록 간절하게 기도했는데도 기어이 아빠를 데려가신 하나님에 대한 분노가 뒤엉켜 들끓고 있었다.

특히 현지는 주일만 되면 더 견딜 수가 없었다. 똑같은 교회, 똑같은 목사님, 똑같은 교회 식구들, 아빠의 자리는 비었는데 아무 일 없는 것처럼 똑같은 모습을 가장하고 앉아 있는 가족들을 보면서 폭발할 것만 같았다.

'하나님이 진짜 살아 계시다면 이럴 수가 없어. 기도하면 다 응답해 주신다고? 순 엉터리, 거짓말쟁이, 위선자들. 이제

는 안 속아.'

 현지는 점점 더 걷잡을 수 없이 빗나갔다. 입시도 아예 포기하고 밖으로만 나돌았다. 하루 종일 뭘 하고 다니는지 오밤중에 돌아오기 일쑤였다. 하지만 아무리 어르고 달래도 오히려 어깃장을 놓기 때문에 아무도 현지를 타이르지 못했다.
 고등학교를 졸업한 후 현지의 생활은 더욱 문란해졌다. 그러던 어느 날 새벽이었다. 밤새 귀가하지 않는 현지 때문에 밤을 꼬박 새우며 걱정하고 있는데 초인종 소리가 났다. 현지였다. 그런데 혼자가 아니었다. 웬 청년의 부축을 받으며 현관에 들어서는 현지의 몸에서 술 냄새가 풀풀 풍기고 있었다. 그날 이후 현지는 하루가 멀다 하고 술에 취해 돌아오고 값비싼 명품들을 가져오기 시작했다.
 "현지야, 도대체 어쩌자고 이러니? 너 언제까지 이러고 살 거야? 그리고 너 돈이 어디서 나서 그 비싼 물건들을 샀어? 어디 네 말 좀 들어 보자."
 엄마가 보다 못해 다그쳤지만, 현지는 아무 말도 안 들리는 척 무시해 버렸다. 그러나 현지의 마음속에는 가족들에 대한 반항심이 잔뜩 독이 오른 독사처럼 머리를 꼿꼿이 세우고 있었다.

'흥, 재미있게 즐기고 돈 많은 오빠들한테 선물 좀 받겠다는데 왜 저래? 공짜로 놀고 용돈도 얻고 명품 선물도 받고⋯⋯ 나는 좋기만 한데.'

냉담하기만 한 현지의 태도에 엄마는 가슴을 치며 탄식을 했다. 이 일이 있고 며칠이 지난 후 현지는 친구와 함께 지내겠다는 쪽지 한 장을 남긴 채 집을 나가고 말았다.

유 소장이 소천한 지 일 년이 되던 날, 가족들은 현지 없이 1주기 추도예배를 드렸다. 현지의 빈자리 때문일까, 예배 분위기는 침울했다.

"엄마, 너무 걱정하지 마세요. 현지가 지금은 방황을 하고 있지만 곧 돌아올 거예요. 현지가 워낙 아빠를 많이 따랐었잖아요. 우리가 기도하고 있는 한 주님이 현지를 나쁜 길에 빠지게 내버려 두시지 않을 거예요. 이제부터라도 우리 세 식구가 현지를 위해 기도했으면 좋겠어요."

평소에 별로 말이 없는 재민이의 속 깊은 말에 엄마와 명지는 눈물이 났다.

빨갛고 노란 옷으로 갈아입은 나뭇잎들을 떨구고 앙상한 가지로 남아 있던 가로수에 하얀 눈꽃이 피더니 어느덧 마지막

한 장 남은 달력도 수명을 다해 가고 있었다. 거리마다 크리스마스 캐럴이 흥겹게 흐르고 군밤 장수와 군고구마 장수들이 구수한 냄새를 피우며 손님들을 끌고 있었다. 흥청거리는 거리 한쪽에는 어느 기관에서 걸어 놓았는지 '연말연시는 가족과 함께!' 라고 쓰인 플래카드가 펄럭이고 있었다.

거리를 지나던 현지는 가슴을 에는 외로움에 눈을 감았다.

현지의 외로움이 고질병처럼 굳어지기 시작한 것은 석 달 전 아빠의 1주기 때부터였다. 그날 현지는 그리움과 울적함을 견딜 수 없어 하루 종일 거리를 헤매다가 술로 밤을 새웠다. 다시는 볼 수 없는 아빠에 대한 진한 그리움에 현지의 가슴은 멍이 들었다. 그러나 그보다 더 현지를 견딜 수 없게 하는 것은 죄책감이었다.

'내가 조르지만 않았어도 아빠는 돌아가시지 않았을 텐데……'

작년 그날 현지네 가족은 저녁 외식을 하기로 했었다. 현지가 아빠를 졸라 받아 낸 약속이었다. 그런데 그 약속을 지키려고 서두르다가 아빠가 사고를 당하신 것이다. 그날 이후 현지는 자신이 아빠를 죽음에 몰아넣었다는 죄책감이 날카로운

꼬챙이가 되어 심장을 찔러 대서 미칠 것만 같았다. 그러나 엄마도 언니도 오빠도 이런 자신의 마음을 알지 못했다. 그저 아빠를 잃은 충격으로 방황한다고만 생각하는 것 같았다. 현지는 그런 가족들이 너무나 야속했고, 너무 쉽게 아빠를 잊고 자기 살 궁리를 하는 이기적인 배신자들로만 보였다. 그래서 집을 뛰쳐나올 수도 있었던 것이다.

그해의 마지막 날, 현지는 새로 사귄 오빠와 분위기 좋은 카페 창가에 나란히 앉아 있었지만 영 기분이 우울했다.
"현지야, 어째 너 안 좋아 보인다. 그럴 땐 나이트가 최고야. 자, 일어나."
나이트클럽은 또래의 젊은이들로 만원이었다. 휘황찬란한 오색 조명이 번쩍이며 돌아가는 플로어는 쿵쾅거리는 댄스곡에 맞춰 열정적으로 춤을 추는 젊은이들이 내뿜는 열기로 후끈했다. 지난 일 년 동안 현지에게는 너무나 익숙해진 광경이었다. 하지만 오늘은 그 무리 속에 섞이고 싶지 않았다.
"현지야, 우리도 나가자."
"싫어. 나 그냥 앉아 있고 싶으니까 오빠 혼자 추고 와."

멍한 시선으로 플로어를 바라보고 있던 현지는 유리벽 안에 혼자 고립되어 있는 것만 같은 막막함에 숨이 막혔다. 그 고적함이, 적막감이, 뭔지 모를 상실감과 허전함이 온몸을 휩싸고 돌았다. 현지는 추위에 몸을 떨었다.

'아니야, 이게 아니야!'

현지는 더 이상 그 자리에 있을 수가 없었다. 자리를 박차고 나와 누구에게 쫓기기라도 하듯 택시를 잡아타고 집으로 돌아오는 현지의 눈가에 언제부터인가 눈물이 고이더니 고랑을 내어 흘러내리고 있었다.

가족들이 다 외출을 하고 없는지 집 안은 불 한 점 보이지 않았다. 하지만 집에 들어가는 현지의 마음은 그보다 더 암울했다. 현지는 힘없이 열쇠를 찾아 대문을 열고 들어갔다.

그런데 현관에 들어서는 순간 현지는 눈앞이 아찔해지고 말았다. '파팍' 작은 폭죽들이 터지더니 갑자기 집 안이 대낮같이 환해졌다.

"현지야, 고맙다. 네가 돌아와서 엄마는 더 바랄 게 없어."

엄마는 다시는 놓아주지 않을 듯이 현지를 꼭 끌어안고 볼을 비볐다.

"짜식, 환영식 준비 해 놓고 밤마다 이러고 기다린 보람이 있네. 오늘도 안 돌아오면 어떡하나 했는데……, 잘 돌아왔어."

"현지야, 많이 힘들었지? 그동안 언니가 섭섭하게 했던 거 용서해라. 사랑해."

따사로운 엄마의 품에 안긴 현지의 젖은 눈에 눈물을 흘리며 미소 짓고 있는 언니와 오빠의 얼굴이 어룽어룽 비쳤다.

그날 밤 현지는 가족들과 함께 교회로 향했다. 일 년 만의 발길이라 그런가, 조금은 쑥스럽기도 했다. 현지네 가족이 자리에 앉고 얼마 지나지 않아 자정을 알리는 시보와 함께 송구영신예배가 시작되었다. 목사님의 설교가, 성가대의 찬양이 현지의 마음에 새삼 강렬한 감동으로 다가왔다. 오랜 방황 끝에 돌아온 현지의 마음은 한량없는 하나님의 사랑의 훈기에 녹아내리고 있었다.

'주님, 저 지금 돌아왔어요.'

현지의 얼굴에 환한 미소가 감돌고 있었다.

사랑하는 사람과의 이별은 모든 것을 송두리째 빼앗긴 것만 같은 상실감을 낳고, 상실감은 막막한 인생의 광야에서 끝없이 방황하게 만든다. 그러나 주님 안에 있는 자녀들에게는 영원한 이별도, 끝없는 방황도 없다. 잠시 방황을 할지라도 주님은 거친 광야를 헤매다 만신창이가 되어 돌아온 자녀를 두 팔 벌려 맞아 주신다.